KB200439

까칠한 벽수 씨,
목사에게 묻다

까칠한 벽수 씨, 목사에게 묻다

지은이 · 이규현, 나벽수
초판 발행 · 2016. 1. 6
2쇄 발행 · 2016. 2. 23
등록번호 · 제1988-000080호
등록된 곳 · 서울특별시 용산구 서빙고로65길 38
발행처 · 사단법인 두란노서원
영업부 · 2078-3333 FAX 080-749-3705
출판부 · 2078-3331

책값은 뒤표지에 있습니다.
ISBN 978-89-531-2437-0 03230

편집부에서 독자의 의견을 기다립니다.
tpress@duranno.com   http://www.duranno.com

두란노서원은 바울 사도가 3차 전도 여행 때 에베소에서 성령 받은 제자들을 따로 세워 하나님의 말씀으로 양육하던 장소입니다. 사도행전 19장 8-20절의 정신에 따라 첫째 목회자를 돕는 사역과 평신도를 훈련시키는 사역, 둘째 세계선교(TIM)와 문서선교(단행본 · 잡지) 사역, 셋째 예수문화 및 경배와 찬양 사역, 그리고 가정 · 상담 사역 등을 감당하고 있습니다. 1980년 12월 22일에 창립된 두란노서원은 주님 오실 때까지 이 사역들을 계속할 것입니다.

까칠한 벽수 씨, 목사에게 묻다

이규현 · 나벽수

건강한 교회를 세우는 소중한 질문들
―――――――― ? ――――――――

두란노

Contents

여는 글 _ 계체량　　　　　　　　　　　　　　　8
매치업, 대전이 성사됐다

선수 입장 _ 도전자　　　　　　　　　　　　　18
까칠한 평신도, 동급 최약체 나벽수

선수 입장 _ 챔피언　　　　　　　　　　　　　30
열혈고수, 목회계의 히든카드

Part 1

목회자, 당신은 무엇을 붙잡고 있는가?

1라운드 : 목회가 어렵다고? 정말?　　　　　46
목회, 연애보다 달콤하고 소설보다 흥미로운

2라운드 : 변화는 어디서 시작되는가?　　　58
목양 1번지는 자신, 은혜에 맡기라

3라운드 : 위기는 없다　　　　　　　　　　　70
위기의 목회자, 외줄을 잡아라!

4라운드 : 본질에 대한 집착　　　　　　　　88
목회의 중심을 잡는 축, 로드십

5라운드 : 영웅주의의 종말　　　　　　　　102
조연은 뒤로, 주인공이 돋보이게

Part 2

변화는 본질에서 나온다

6라운드 : 프로그램은 마스터키?   120
예배가 정답이다

7라운드 : 철야와 새벽기도의 영성   134
숨통을 틔우고 영의 근육을 키우는 시간

8라운드 : 관리와 동원의 허상   148
통제 욕구를 버리고 양의 필요를 읽으라

Part 3

준비하는 교회는 희망을 만난다

9라운드 : 변화를 끌어내는 메시지의 힘
복음의 폭약만이 영혼을 뒤흔든다   164

10라운드 : 메시지를 쥐어짜지 않는 비결
폭발력의 팔할은 골방에서 빚어진다   178

11라운드 : 미래를 향한 도전, 개척이 답이다
안전한 착지보다 과감한 도약을   192

12라운드 : 미래를 바라보는 눈, 다음세대
교회를 살리는 건 결국 다음세대다   204

닫는 글 _ 경기 종료
함께 성숙하기 위하여   220
목사, 그 일상의 삶으로 풀어낸 교회 이야기   230

매치업, 대전이 성사됐다

　　나벽수에게 목회자는 거인이었다. 신앙과 윤리, 인격과 품성
이 이상적으로 조화를 이룬 요샛말로 '완전체'였다. 하나님과 한
발 더 가까이 다가서 있는 특별한 존재였다. 주님의 뜻을 가장
잘 알아 정확하게 풀이하고 전달할 뿐만 아니라 신앙적으로나
도덕적으로나 흠잡을 데가 없는 현인이었다. 성자의 반열에 들
기까지 한두 걸음이 남았을 뿐이어서 세속적인 욕심 따위는 깃
들일 여지가 없는 위인이었다. 초등학교 코찔찔이 시절까지, '목
회자'는 그런 존재였다. 그렇기에 여름성경학교를 마치는 날, 그
이가 상으로 주는 열두 색 왕자표 크레파스를 받아드는 순간, 가
슴이 쿵쾅거리고 손이 떨릴 수밖에 없었다.

8

거인에서 난쟁이로, 끝을 모르는 추락

그런데 언제부터인가 마음속 그 거인은 시름시름 앓기 시작하더니 끝내 사경을 헤매는 처지가 되고 말았다. 첫 징후는 사춘기에 들어설 무렵에 나타났다. "설마!"라는 말로 무지르기엔 소문의 내용이 구체적이고 정밀했다. 신앙의 표본으로 추앙받던 목회자가 위선의 표상으로 추락하는 데는 오랜 시간이 걸리지 않았다.

터럭만한 흠에도 파르르 떨 만큼 예민한 나이 탓이었을까? 한번 정나미가 떨어지자 그이가 전하는 설교를 듣고 앉아 있는 게 고통스러웠다. 견디다 못해 보따리를 쌌다. '윤리적으로 완전한 인간'이라는 목회자상은 옛 교회에 두고 나왔다.

새로 옮긴 교회에서는 봄가을로 부흥회가 열렸다. 강사는 성령의 화신처럼 보였다. 강단을 이리 뛰고 저리 뛰면서 목청을 돋웠다. 성령을 뜨겁게 체험해야 한다는 메시지가 끝나고 기도가 시작되면 분위기는 한껏 뜨거워졌다. "불 받아랏!" 강사의 외마디에 곳곳에서 함성이 일었다. 비명을 내지르며 쓰러지기도 하고 방언을 쏟아 내기도 했다. 내겐 별 변화가 감지되지 않았지만 강사가 말하는 불의 실체를 의심하지는 않았다. 유효거리가 짧아 뒷자리까지 파장이 미치지 않는 게 안타까울 따름이었다.

요란한 불 바람이 지나가고 나면 '작정의 시간'이 시작됐다. 남은 곡식과 기름을 탈탈 털어 바쳤다가 큰 복을 받은 사렙다의 홀어미와 땅 판 돈 가운데 일부를 떼어 놓고 헌금했다가 목숨을 잃은 아나니아 부부의 이야기가 단골로 등장했다. 병아리 두 마리로 시작해서 양계장을 이룰 만큼 큰 복을 받은 장로님이 가난했던 시절에 약속한 '제물'을 바치지 않아 패가망신했다는 21세기 버전이 뒤를 따랐다.

찬송가 반주는 애잔하고 강사의 설득은 간곡했다.

"성전에 피아노와 방송장비가 필요합니다. 믿음으로 작정하고 헌금하실 분은 손을 들어 주세요…. 아, 저기 두 분이 드셨네요. 할렐루야!"

초청은 품목을 바꿔 가며 한동안 계속됐다. 어디선가 쿰쿰한

냄새가 났다. 한창 정의감을 배워 가는 사춘기 소년의 귀엔 그 소리가 '영험을 팔고 복채를 받는 작두무당'의 넋두리와 겹쳐 들렸다. 여느 종교지도자와 차별되는 목회자만의 특별한 이미지가 흔들거렸다.

대학생이 된 뒤로는 선교단체 채플로 적을 옮겼다. 이른바 지성인들이 모인 공동체라면 무언가 다를 것만 같았다. 여러 캠퍼스에서 열심히 활동하는 친구들과 만나 어울린다는 점도 매력적이었지만, 하나님과 예수 그리스도가 어떤 분이고 성령님은 무슨 의미를 갖는지를 비롯해 기독교의 기본 진리를 체계적으로 공부한다는 사실에 무엇보다 마음이 끌렸다.

단체를 이끄는 목회자의 메시지는 그야말로 '가뭄에 단비'였다. 구원의 소식이 선명할 뿐만 아니라 말투와 몸짓까지 남다른 데가 있었다. '성령의 핵폭탄'처럼 남다른 언어를 구사해 가며 세계를 겨냥한 비전을 설파하는 모습이 더없이 고상했다. 잔잔하게 또는 격렬하게 쏟아 내는 사자후를 듣고 있노라면 가슴에 불이 붙는 느낌이 들었다. 모세가 따로 없었다.

한동안은 행복했다. 첫사랑에 몸살을 앓는 심정이었다. 하지만 오래가진 않았다. 희한하게도 안으로 다가설수록 생각이 복잡해지고 기운이 빠졌다. 명작을 기대하고 들어간 갤러리에서 이발소 그림을 대하는 기분이었다. 아직 영글지 않은 안테나에도 이런저런 문제들이 속속 걸려들었다. 운동성이 떨어지고 시대의 흐름과 교회의 요구에 재빠르게 대처하지 못하는 기색이 역력했다. 복음을 전하는 쪽보다 조직을 유지하고 관리하는 데 더 많은 에너지가 투입됐다. '선교'의 의미는 퇴색되고 '단체'의 성격만 도드라졌다. 그리고 그 정점에 목회자가 있었다.

평소에 가르치던 대로 '성령님의 인도하심'을 기다리는 대신 서로 치고받으며 법의 판단을 요청하는 사태가 벌어졌다. '말씀대로 살려 발버둥치는 리더'라는 목회자상이 우르르 무너져 내렸다.

멸종된 거인의 복원 가능성을 찾는다

다시 보따리를 쌌다. 한번 시작된 유랑생활은 쉬 끝을 찾지 못했다. 개척교회와 대형교회, 보수교단과 진보교단, 독립교단을 두루 섭렵하며 수많은 목회자들을 대했다. 한 곳에 머무는 기간은 점점 짧아졌다. 움직일 때마다 기대가 깎여 나갔다. 혼자 겪는 일도 아니었다. 가는 데마다 비명이고 아우성이었다. 목회자가 아니라 주님을 바라보고 신앙생활을 하라고들 하지만 애를 쓸수록 자꾸 그이들이 눈에 밟혔다.

얄궂게도 첫 직장마저 목회자들이 주로 보는 신문을 만드는 곳으로 잡혔다. 하루에 적어도 8시간은 목회자를 만나서 이야기를 듣고, 살피고, 글을 쓰는 게 일상이 되었다. 목회자를 바라보는 시선이 이미 비틀어져서일까? 정신이 번쩍 들게 할 만큼 근사한 공동체와 목회자보다는 반대쪽에 가까운 사례가 더 자주 눈에 띄었다. 너나없이 바뀌어야 한다고 목소리를 높이지만 스스로 바뀌어야 한다고는 생각지 않는 눈치였다.

거인 같던 목회자의 이미지는 날이 갈수록 쪼그라들었다. 그나마도 부스럼투성이에 중병을 앓고 있는 형국이기 일쑤였다.

'인상비평' 또는 '개인적인 경험의 지나친 일반화'쯤으로 치부해 버릴 수 있으면 좋겠지만, '2015년 한국의 사회·정치 및 종교에 관한 대국민 여론조사' 결과를 보면 꼭 그런 것 같지는 않다. 3대 종교(개신교, 천주교, 불교)의 지도자 가운데 목회자에 대한 신뢰도가 가장 떨어졌다. 신부가 51.3퍼센트로 수위를 달렸고 승려도 38.7퍼센트를 차지한 반면 목사는 고작 17퍼센트에 지나지 않았다. 불교사회연구소가 내놓은 통계수치지만 조사 주체가 기독교 단체로 바뀐다 한들 큰 차이가 날 성싶지는 않다.

더 이상 목회자는 거인이 아니다. 오히려 외줄 위에 위태롭게 선 곡예사에 가까운 느낌이다. 흔들리는 줄 위로 과감하게 올라서긴 했지만 목표는 멀고 발밑은 불안하다. 헛딛거나, 엉뚱한 데 한눈팔다 균형을 잃거나, 다리에 힘이 풀려 주저앉는 이들이 허다하다. 그이들에게서 거인의 면모를 찾으려 할수록 돌아오는 건 실망뿐이다.

그리스도와 동행하는 심오한 영성을 바탕으로 양들을 아끼고 보살피며, 복음의 빛으로 세상을 밝히기 위해 목숨을 걸었던 거인들은 다 어디로 가 버린 것일까? 외줄 위의 목회자를 바라보는 시각은 죽음을 목전에 둔 인간의 태도와 비슷한 추이를 보이며 변해 갔다. 처음에는 그럴 리가 없다고 도리질하다가 곧 분통을 터뜨리고, 나중에는 상황을 바꿀 길이 있는지 여기저기 기웃거리게 되었다. 이대로라면 낙담하고 우울해하다가 마침내 체념하고 받아들이는 과정만 남은 셈이다.

안다, 일개 평신도가

안다. 일개 평신도가 감히 거룩한 주의 '종님'들을 두고 이러니저러니 하는 게 얼마나 같잖은 짓인지 모를 리가 있겠는가? 평생 목회자를 하나님 다음으로 떠받들었던 할머니의 표현을 빌리자면 '배락 맞을 짓'일 수도 있다. 하지만 '무조건적이고 무차별적인 순종' 대신 무한한 호기심과 검증 욕구를 타고난 걸 어쩌겠는가? 개인적인 소망을 피력하는 것쯤이야 어떠랴 하는 배짱과 정말 벼락을 맞는 게 아닌가 하는 의구심 사이를 수없이 오가면서 계속 글을 써댈 수밖에.

만일의 사태에 대비해 피뢰침도 하나 준비해 두었다. 목회자요 저술가인 유진 피터슨은 전문가의 손에 맡기는 게 능사가 아니라고 가르친다.

마귀가 거둘 수 있는 최고의 성과는 바로 그리스도인들로 하여금 스스로를 평신도라고 생각하게 만드는 것이다. 'layperson'(평신도란 뜻으로 쓰이는)이라는 단어는 거의 항상 비전문가를 가리킨다. 비전문가는 팔을 걷어붙이고 수술실로 들어가 수술대에 누운 환자의 몸에 메스를 들이대지 않는다. 환자의 입장에서도 절대 그런 일을 용납할 수 없을 것이다… 사안이 중대해질수록 우리는 최고를 원한다… 결국 스스로 감당할 일은 적어지고 다른 사람들(전문가)에게 의존할 일이 많아지는 것이다. 그들에게 가서 무슨 일이 벌어지고 있는지 묻고 그것이 어떤 의미를 갖는 일인지 들어야 하는 것이다… 그럴수록 우리의 정체성은 비전문가로 굳어진다… 결국 나는 내 영혼의 문제까지도 전문가에게 맡기게 된다. 직접 하나님과 관계하지 않는 것이다… 예수를 따라가는 일은 예수 전문가들을 따라가는 일로 대체된다. 그러다 보면 머지않아 하나님과의 관계에서 나는 소비자의 습성을 체득하게 된다. (《일상 - 부활을 살다》, 유진 피터슨, 복있는사람, 103쪽)

내 비록 환자지만 의사에게 무얼, 어떻게, 얼마나, 잘 수술하려느냐고 물을 수는 있지 않은가? 의사의 솜씨나 행태가 다소 찜찜한 경우엔 더욱 그래야 하지 않겠는가? "만인이 제사장"이라는 마르틴 루터의 말이 사실이라면, 겸임제사장이 전임제사장에게 이러저러한 걸 따져 묻는다 한들, 흠 될 게 무어란 말인가?

도전자

까칠한 평신도,
동급 최약체 나벽수

목사가 되란 소릴 숱하게 들으며 컸다.

코흘리개 적부터 대학에 들어갈 때까지 교회에서 살다시피 했으니 그럴 만도 했다. 예배란 예배는 빠짐없이 참석하고 온갖 궂은일을 도맡아 했다. 당장 내일이 시험이어도 개의치 않았다. 뭘 알아서가 아니었다. 칭찬이 좋아서 매사에 열심을 냈을 뿐이다. 예수님이 하나님의 아들인지 서른세 살에 처형당한 이스라엘 목수인지조차 헷갈리는 수준임에도 그런 평가를 받았으니, 연기력 하나만큼은 중견배우 쯤 쪄 먹게 좋았던 모양이다. 어쨌거나 '신앙 좋은 청년' 코스프레에 깜빡 속은 어른들은 '목사 감'이란 찬사를 아끼지 않았다.

집안에선 어머니가 다소 생뚱맞은 이유로 목회자가 되길 강요했다. 신령한 목사님한테 예언기도를 받았는데 "아들이 장차 주의 종이 될 테니 두고 보라"고 했다는 것이다. 신학을 공부하고 목사가 되지 않으면 심장병에 걸려 죽게 될 것이란 협박성 멘트까지 덤으로 붙어 있었다. 어른은 더없이 진지했지만 내 귀엔 용한 점쟁이한테 사주풀이를 받아 왔다는 소리로밖에 들리지 않았다. 임금이 된다고 해도 코웃음을 칠 만큼 물색없이 원대한 포부가 하늘을 찌르는 십대에게 종이라니 어처구니가 없었다. 그날부터 얼추 십여 년에 걸쳐 목사가 되라는 지청구가 이어졌지만 이미 머리가 굵어진 아들은 눈 하나 꿈쩍 않고 되받았다.

"고만! 이제 고만하소서, 어마마마!"

대학을 졸업하고 진로를 결정해야 할 시점을 맞았을 때도 마찬가지였다. 찰떡같이 붙어 다니던 친구들은 한 치의 망설임도 없이 목회자의 길을 선택했다. 그리고 당연하다는 듯이 물었다. "너도 신학 할 거지?" 1초의 망설임도 없이 대꾸했다.

"아니, 난 직장에 들어갈 거야!"

천사를 찾는 게 아니라

　주위의 부추김을 단번에 내칠 수 있었던 건 겁이 많고 이모저모 따져 보길 좋아해서였다. 동기를 되짚을수록 부정적인 결론이 또렷해졌다. 아무나 함부로 들어설 길이 아니었다. 목회자는 남다른 데가 있어야 했다. 등에서 날개가 돋아야 하고 머리엔 후광이 따라다녀야 한다는 소릴 할 심산도 아니다. 신앙과 인격이 완전에 가까워서 그리스도의 장성한 분량을 추월하길 요구할 뜻도 없다. 제 꼴도 영 시원찮은 터에 무슨 염치로 목회자들에게 천사가 되기를 요구하겠는가? 기대라고 해봐야 소박하기 이를 데 없다. 평생 따르고 싶은 목회자의 요건을 떠오르는 대로 늘어놓자면 대략 이쯤 될 것이다.

　우선, 원대한 비전이 없으면 좋겠다. 특히 명, 평, 원 따위의 단위를 기준으로 '제일'이나 '중앙'이 되려는 의지가 남달리 투철하지 않았으면 좋겠다.

　외국에 가서 받아 온 졸업장과 학위, 차곡차곡 쌓은 지식, 직함 따위가 아니라 그리스도와 그분이 가르친 진리가 권위의 기반이면 좋겠다.

아무도 모르고 혼자만 아는 직통 계시 따위를 가르치지 않았으면 좋겠다. "혼과 영과 및 관절과 골수를 찔러 쪼개는" 건 하나님 말씀으로도 충분하므로 설교든 강의든 늘 그 범위에 머물렀으면 좋겠다. 번번이 새로운 걸 알려 주려고 불철주야 노력하지 않았으면 좋겠다. 오히려 다들 알고 있는 진리를 삶 속에서 구현해 낼 길을 안내하고 포기하지 않도록 격려하는 데 더 신경을 쓰면 좋겠다. 온갖 문서와 자료, 히브리어와 헬라어, 영어와 고전을 뒤지고 절묘한 해석과 탁월한 분석을 시도하는 데 투입되는 에너지의 일부를 떼어 단순한 가르침을 쉽게 전달하고 그 뜻을 온몸으로 드러내도록 이끄는 데 사용하면 좋겠다.

'세계 복음화' 같은 구호를 외치기 전에 입술에 침 한 번 적셔 주는 미덕을 갖췄으면 좋겠다. 세상을 변화시키고자 하는 열정을 탓할 필요는 없겠지만 그 출발점은 함께 하나님나라를 이뤄 가는 공동체의 지체들과 지역사회면 좋겠다. 눈은 먼 데를 봐도 발은 가까운 곳을 먼저 디뎠으면 좋겠다. 거창한 목표를 바라보기에 바빠 앞가림에 서툰 '거장'들은 웬만하면 사절하고 싶다.

평신도 중에서도 '2종 보통'에 불과한 내겐 유명한 축산업자가 아니라 섬세한 목자가 절실하다.

됨됨이가 너무 완벽하지 않았으면 좋겠다. 성품으로든 신앙으로든 매사에 철저하고 틈이 없어서 혼자서도 잘할 수 있을 것만 같은 쪽보다는 언뜻 허약해 보이고 자주 허점을 드러내지만 금방 인정하고 추스를 줄 아는 편이 곱절은 매력적이다. 본질적인 요소들 말고는 자기 기준이 부실했으면 좋겠다. 신앙의 규범과 윤리적인 원칙이 분명해서 사소한 일들까지 거기에 맞추길 요구하는 목회자는 부담스럽기 짝이 없다. 뚜렷한 지표를 가지고 한 점 흠 없이 순결하게 평생을 살아온 목회자를 존경하지만 내 목자로 삼고 따라가기엔 멀고 버거운 느낌이 앞선다. 태생적인 모범생이 과연 간신히 의롭다고 인정받은 죄인의 심정을 헤아릴 줄 알까 의심스럽다.

재주와 관심사가 많지 않았으면 좋겠다. 이것저것 다 잘하는 원숭이가 아니라 구를 줄만 아는 굼벵이 쪽이었으면 좋겠다. 양치는 것 말고는 할 줄 아는 일도, 좋아하는 일도 없는 목자를 만나면 좋겠다. 푸른 초장과 쉴 만한 물가로 인도하고 아픈 데를

정확히 짚어내서 살펴 주는 능력 말고는 절대무능이어도 상관
없다.

이것저것 내려놓을 게 많은 이들은 굳이 다 내려놓고 목회자
가 되려 하지 말고 오히려 특기를 제대로 살려 세상을 밝혀 주
면 좋겠다. 하나님의 종이든 최 참판 댁 머슴이든 주인을 섬기는
일은 고될 수밖에 없을 터, 그때마다 이른바 '성직'과 맞바꾼 재
주들이 아깝다는 생각이 드는 게 인지상정 아니겠는가?

정치 감각이 탁월해서 선거철마다 탁월한 역량을 드러내거
나, 이재에 밝아 단기간에 적잖은 재산을 축적하거나, 건축 예술
에 조예가 깊어 그리스도의 재림 이후까지 길이 남을 기독교 문
화유산을 건설할 뜻을 옹골지게 품고 사는 이들은 관련 분야로
진출하는 편이 교회와 세상을 두루 이롭게 하는 길임을 믿어 의
심치 않는다.

신체적으로도 다소 부실했으면 좋겠다. 청각을 통한 인지기
능은 비정상적으로 발달한 반면 언어중추의 가동률은 80퍼센트
정도에 불과해서 남들이 지껄이는 걸 한참 듣고 난 뒤에야 반응
하는 수준이면 좋겠다.

거르고 졸이면 남는 건 채 한 줌도 안 된다. 부족하고 모자라는 점투성이어서 기댈 데라고는 주인님밖에 없는 진짜배기 머슴을 자주 보고 싶다는 게 전부이기 때문이다.

뜻밖의 기회 또는 모험

길고 긴 '좋겠다 타령'이 꼴같잖으셨던 하나님의 배려였을까? 온몸으로 부대끼며 실마리를 찾아볼 기회가 생겼다. 한 교회에서 함께 신앙생활을 하며 친분을 쌓은 친구 예닐곱이 모여 소그룹을 꾸리기로 한 것이다. 일주일에 한 번, 함께 모여서 밥 먹고, 말씀을 공부하고, 삶을 나누고, 기도하는 모임이었다. '별천지모임'이라고 문패도 걸었다. 그리고 한국 사회를 지배해 온 오랜 전통에 따라 나이가 가장 많은 나벽수가 얼굴 노릇을 하게 됐다. 얼결에 양치기 체험학습에 참여하게 된 것이다.

선교단체 생활을 하면서 복음을 전하고 열매를 가꿔 본 경험이 있어서 마냥 생소한 일은 아니었다. 그렇다고 썩 내키는 일도 아니었다. 제 영혼 하나도 주체 못하는 터에 남을 보살핀다는 게 과연 가능할지 걱정스러웠다. 영혼을 궁극적으로 책임지시는 분은 하나님이니 그냥 그분이 시키는 일만 거들면 그만이라지만 각론이 애매했다. 심부름을 잘하는 데도 요령이 필요했다. 양치기가 갖춰야 할 기본적인 자질이 지식(또는 학식)인지 중심인지 확인받아야 했다. 어디까지가 섬김이고 어디부터가 간섭인지, 에너지는 어디서 어떻게 공급받아야 하는지, 의견 차이가 생기면 어떻게 처리해야 하는지 따위에 대해서도 지침을 얻어야 했다. 어디 물어볼 데가 없었다.

그런데 기가 막힌 기회가 왔다.

대형교회 목회자를 만나서 인터뷰를 하고 글을 써 달라는 청탁이 들어온 것이다. 심정적으로는 내키지 않았다. 사람에 관한 글을 쓰는 건 조심스러운 일이다. 변치 않는 건 하나님뿐이기 때문이다. "만나 보면 다를 것"이란 편집자의 말은 귀담아 들을 게 못 된다. 뚜쟁이는 본시 부풀려 말하기를 좋아하는 법이 아닌가!

하지만 실리적으로는 해볼 만한 일이었다. 대형교회 목회자를 만나 마음껏 묻고 답을 듣는다는 건 쉬 찾아오는 기회가 아니었다. 그동안 쌓아 두었던 궁금증들이 단번에 청산될지도 모를 일이었다. 질문거리는 수두룩했다. 무엇보다 목회가 무어냐고, 왜 목회를 하느냐고 묻고 싶었다. 자기정체성을 물으면 심중에 간직한 목회 원리와 원칙이 튀어나오게 마련이다. 또 공룡만한 공동체를 움직이는 힘이 어디서 나오는지 알고 싶었다.

이렇게 하라, 저렇게 하라는 식의 성공지침 따위는 궁금하지 않았다. 알고 싶은 건 원리이지 원칙이 아니었다. 그런 얘기라면 굳이 거기서 들을 이유가 없었다. 시중에 차고 넘치는 게 자기계발서인 데다 요즘 누가 성공의 길을 목회자에게 묻는다는 말인가?

답을 얻을 확률은 반반이었다. 대형교회 목회자라면 산전수전 다 겪은 백전노장일 게 뻔했다. 거인이 추락하게 된 연유를 캐는 쪽으로든, 양 떼를 이끄는 비법을 공부하는 방향으로든 결정적 '한 방'을 기대해 봄 직했다. 반면에 현란한 수사로 예봉을 피해 가며 목회자의 입장을 변호해 낼 줄 아는 인물일 가능성도 있었다. 그러려면 행간에서 진의를 찾고 현장에서 그 증거를 탐색하는 집요함을 챙겨야 했다. 부르는 대로 받아쓰는 인터뷰가 아니라 쉴 새 없이 공격과 수비가 이어지는 권투시합을 준비해야 했다.

상대는 강인한 체력에 섬세한 기술까지 완벽하게 구비한 챔피언이었다. 반면에 이편은 아직 기본기조차 제대로 닦이지 않은 신인급 도전자였다. 그나마 맞설 무기가 있다면 패기뿐이다. 어떻게든 빈틈을 찾아 맹렬한 공격을 퍼붓는 게 상책이다.

멀리 링 쪽에서 장내 아나운서의 목소리가 들리는 듯하다.

"홍코너, 도전자 나-벽-수!"

전의를 끌어 모은다. 주먹에 힘이 들어간다.

함성이 솟는다.

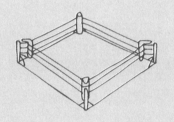

선수 입장

챔피언

열혈고수,
목회계의 히든카드

자그마하다. 덩치로 압도하는 스타일은 아니다. 챔피언 말이다. 얼굴은 맑고 표정은 환하다. 숱 많은 머리를 자연스럽게 한 쪽으로 빗어 넘겼다. 셔츠에 카디건을 덧입었는데도 슈트를 걸친 느낌이 드는 걸 보면 매사에 흐트러짐 없이 단정한 걸 좋아하는 듯하다. 전형적인 '대형교회 담임목회자' 이미지와도 어긋나고 설교 동영상의 인상과도 다르다. 목소리는 나지막한 중저음이다. 목회자라는 직업군에 최적화된 이미지와 음성이다. 조곤조곤 대화를 이어 가는 품이 굳이 빗대자면, 호방한 사또보다 얌전한 샌님 쪽이다.

방심해선 안 된다. 부드러워 보인다고 말랑말랑한 건 아니다. 동작이 크고, 목소리에 힘이 들어가고, 웃음이 헤픈 유형보다 오히려 내공이 깊을지 모른다. 전열을 가다듬는다. 중심을 지켜야 한다. 아직 공은 울리지도 않았다. 일단 기 싸움에서 이겨야 한다. 링에 마주 선 두 복서가 눈을 부라리며 서로 노려보는 까닭이 거기에 있다. 그렇게 기선을 제압해 두면 한결 수월하게 경기를 풀어 갈 수 있기 때문이다. 은근슬쩍 오금 박기를 시도한다.

"교회가 이러저러한 일을 참 잘하고 있더라는 식의 용비어천가는 쓰지 않겠습니다."

"그러세요, 당연히."

한 치의 망설임도 없이 답이 돌아온다. 한 번 더 찌른다.

"목사님과 관련해서도 본 대로, 들은 대로 적으려고요."

예의 부드러운 미소로 가름한다. '두말하면 잔소리'란 분위기다.

'뭐지? 이 당당한 대꾸는?'

반쯤 내렸던 가드를 다시 치켜세운다. 당황한 기색을 최대한 감추고 도발적인 카드를 꺼내 든다. 챔피언의 전모를 파악하기 위한 밑밥이다.

"그럼, 소싯적 이야기부터 시작할까요?"

할아버지 무릎을 베고 누워 옛날얘기를 보채는 꼬마도 아니고 다 큰 어른이, 그것도 글을 쓰겠다고 찾아온 기자가 과거를 물었다면 밑천을 내놓으시란 뜻이다.

이번에도 거침이 없다.

"동네에선 절집 아이라고 불렀어요."

무어라? '목사님 댁 큰 자제'가 아니고?

절집 아이에서 목회자로

"불심이 특심한 집안에서 태어났습니다. 할머니는 점도 치고 굿도 하는 용한 보살님이었어요. 집에서 절을 소유하고 부친이 주지를 맡았을 정도니까 더 말해 뭐 하겠어요. 제 기억창고에는 연등과 촛불, 법당에 모셔 둔 불상들, 목탁 소리와 향냄새 따위가 가득하죠. 초파일은 그야말로 잔칫날이었어요. 연등을 만들기 시작하면 벌써 마음이 부풀어 오르곤 했습니다. 그날은 멀리서도 신도들이 찾아왔어요. 어른들은 등록을 받고 등에 이름을 적어 다니느라 정신이 없었고요. 방학 때는 아예 절에서 살다시 피 했어요. 거기서 공부를 하고 끼니때마다 절밥을 먹었죠. 그렇 다고 교회에 아주 안 가본 건 아녜요. 초등학교 4학년 무렵, 예 수를 믿는 친구를 따라서 몇 차례 예배당에 들락거린 적이 있어 요. 철모르는 꼬맹이 시절이라 아버지 어머니께 쪼르르 달려가 서 허락을 구했죠. 교회에 다니면 안 되느냐고요. 당연히 혼쭐이 났지만요."

하지만 그 사이에도 하나님의 이면공작은 착착 진행되고 있 었던 모양이다. 작은아버지가 먼저 예수님을 만났다. 누군가가 복음을 전한 것이다. 사실이 알려졌을 때 닥쳐올 엄청난 파장이 두려웠던 작은아버지는 한동안 식구들의 눈을 피해 교회를 오 갔다. 하지만 언제까지나 그럴 수 없는 노릇이었다. 어느 날 불 쑥 찾아와 함께 예수를 믿자고 설득했다. 두말할 것도 없이 한바 탕 난리가 났다. 한 사찰의 주지였던 형님은 예수쟁이가 된 동생 에게 불같이 화를 내며 손찌검도 마다하지 않았다. 작은아버지 도 순순히 물러서지 않았다. 정 겁이 나면 술을 한 잔 걸치고라도 찾아와서 형님을 잡아끌었다.

　그런데 사태가 희한하게 돌아가기 시작했다. 어림도 없을 거라고 여겼던 일이 차츰 현실로 변해 간 것이다.

　"집안에 흉한 일이 꼬리를 물었습니다. 새로 짓고 있던 집이 태풍에 무너져 내렸습니다. 완공을 코앞에 두고 있어서 온 식구가 구경을 하러 갔었는데 집에 돌아와 자리에 눕자마자 폭삭 주저앉은 거예요. 순식간에 큰 손해를 입었지만 잃은 돈을 아까워하기보다 목숨을 건진 걸 고마워해야 할 판이었습니다. 그때부터 온갖 불상사가 이어지더니 급기야 아버지가 교통사고를 당해 쓰러지는 사태까지 벌어졌어요. 어려운 일들이 줄줄이 몰아닥치자 단단했던 마음에도 균열이 생기기 시작했습니다. '불도를 좇아 열심히 살았는데 왜 이렇게 바람 잘 날이 없는 걸까? 뭐가 잘못된 거지?' 오랜 숙고 끝에 아버지는 백기를 들었습니다. 사찰을 비롯해 남은 재산을 다 처분하고 집도 옮겼습니다. 살던 동네에선 일대 사건이었어요. 개종을 했으니 집안이 망할 것이라고들 수군거렸죠."

실제로 가세는 나날이 기울었다. 아버지는 몇 차례 새로운 사업에 손을 댔지만 재미를 보지 못했다. 갈수록 형편이 나빠졌다. 중학교에 들어갈 즈음에는 소문난 부잣집에서 그저 끼니를 거르지 않을 정도의 고만고만한 집으로 변해 있었다. 고단했던 시절이었다.

예상했던 스토리가 아니었다. 크리스천 가정에서 태어나 신앙 교육을 받으며 성장해 엘리트 신앙인이 된 성공담을 듣게 되리라 어림짐작했는데, 뜻밖에도 하나님의 전격적인 간섭과 도우심으로 새 길을 찾게 된 입지전적인 성장기가 나왔다. 샌님은 그 과정을 '기적'이라고 했다.

"불에 타서 숯이 될 지경이었던 우리 가정을 그 불 가운데서 건져 내셨습니다. 우리 가족을 하나님의 백성으로 구원해 내시고 숯덩이와 같은 우리 가정을 아름다운 조각품으로 조각해 주셨어요. 아버지가 절을 소유할 정도의 집안이었기에 주님의 은혜가 아니었다면 도무지 구원 얻을 소망이 없는 가정이었습니다. 기적이 일어난 것이지요. 기절초풍할 일이 일어났습니다. 생각하면 할수록 구원의 은혜가 너무도 크고 놀라울 뿐입니다."

시련의 경험은 축복이 되었다. 절집 아이에서 하나님의 자녀로 호적이 바뀌었을 뿐만 아니라 부잣집 철부지를 일찌감치 졸업하고 삶의 달고 쓴맛을 두루 아는 철든 아이로 변해 갔다. 아무리 가지고 싶어도 스스로 포기해야 하는 게 있음을 배웠고 약하고 소외된 이들의 아픔과 설움을 헤아릴 줄도 알게 되었다. 그런 시선과 안목은 훗날 목회자로 살아가는 데도 좋은 자산이 되었다.

"부의 허망함에 대해 일찍 깨친 셈이죠. 나중에 목회자가 되고 나서 아주 부유하게 사는 분들을 보면서 돈으로는 진정한 행복을 살 수 없다는 걸 다시 확인했어요. 겉에서 보면 화려한 것 같아도 깊이 들여다보면 더없이 공허하거든요. 그러니 아무리 돈이 많아도 누비바지 주워 입고 밤을 새워 가며 하나님 앞에 엎드릴 수밖에요."

목회자의 길, 은혜의 정점에서 내린 결단

가족을 모두 교회에 보낸 뒤에도 아버지는 걸음을 하지 않았다. 정작 당신은 아직 마음의 준비가 되지 않았던 모양이다. 식구들 또한 무슨 신앙심이 있어서 예배당에 다니는 게 아니었다. 하지만 '절집 아이'만큼은 달랐다. 한 번 방향을 설정하고 난 뒤에는 한눈을 팔지 않았다.

"개척교회를 다니면서 훌륭한 신앙 공동체를 경험하게 됐어요. 한편으로는 학생 선교단체에 참여하면서 활동 폭이 훨씬 넓어졌고요. 굉장한 복이었죠. 온 집안을 통틀어 가장 먼저 영적인 세계에 눈을 뜬 셈입니다. 믿음이 갈수록 도타워졌어요. 중·고등학교를 다니면서도 부지런히 말씀을 들으러 다녔어요. 부흥회 포스터가 보이면 메모를 해두었다가 득달같이 달려가곤 했습니다. 눈에 띄는 집회란 집회는 다 참석했다고 보면 됩니다. 어린 나이에도 얼마나 큰 은혜를 받았는지, 멀리서 '예수의 피밖에 없네'란 찬송가 소리가 들리면 가슴이 쿵쾅거리곤 했어요. 딱히 공부하라고 채근하는 이도 없어서 은혜받는 일에 몰두할 수 있었어요. 방학을 맞으면 무척산에 올라가 일주일씩 금식을 했어요. 두 살 위의 형하고 단 둘이 담요 하나 뒤집어쓰고 밤새도록 이슬을 맞아 가며 기도했어요. 외롭지는 않았습니다. 그때만 해도 산에 올라가면 여기저기서 '주여' 하며 기도하는 소리가 들렸거든요."

웬만하면 품위를 지키고 싶었는데 나도 모르게 '픽' 하고 웃음이 나왔다. 아직 코흘리개나 다름없는 중학생이 무슨 포한이 맺혀서 오밤중에 산에 올라 하나님을 찾으며 울부짖는다는 말인가. 눈치 빠른 챔피언이 더 크게 웃으며 덧붙인다.

"무슨 대단한 기도를 했겠어요? 하나님도 웃으셨을 거예요. 그러나 주님 말고는 소망이 없으니까 그분의 얼굴을 구하며 간구했던 것 같아요. 밤새 기도하고 나면 세상에 내려오고 싶지 않았어요. 거기 살고 싶었습니다. 나이는 어려도 믿음만큼은 분명했던 거죠."

갈수록 활동 반경이 넓어지고 영향력도 커졌다. 고등학교 2학년 무렵쯤에는 웬만한 사역자 못지않을 만큼 활발하게 움직였다. 교회에서는 주일학교 교사였고 미션스쿨이던 학교에서는 학생회 종교부장을 맡았다. 그밖에도 보직이 대여섯은 더 있었다. 앞장서길 좋아하는 성품은 아니었다. 늘 떠밀리다시피 앞에 나서게 되는 편이었다. 하지만 일단 역할이 정해진 뒤에는 뛰어난 리더십을 보였다.

일은 끊임없이 찾아왔다. 학생 단체 임원으로 대규모 집회를 조직하고 치러 냈다. 지금보다는 남녀가 훨씬 더 유별하던 시절이었지만 여고에 들어가 기독 동아리를 개척하기도 하고 여름이면 팀을 짜서 곳곳에 봉사활동을 다녔다. 지도력을 키우고 교회를 더 깊이 아는 소중한 기회였다. 문제에 기민하게 대처하는 법도 체득했다. 무슨 위원장인가를 맡아 행사를 꾸리던 중에, 강사가 불가피한 일로 참석하지 못하게 되자 직접 강단에 올라 메시지를 전하기도 했다. 얼결에 데뷔전을 치른 셈이다.

개인적으로는 십자가의 복음을 정확히 듣고 주님을 마음에 맞아들이는 역사적인 사건을 겪었다. 캠프에 참석했다가 말씀과 정면으로 마주했다. 하나님에 대한 지식과 은혜의 경험들이 여기저기 단편적으로 흩어져 있다가 조각퍼즐처럼 맞아 들어간 것이다. 예수 그리스도의 십자가 앞에 삶과 인격을 통째로 내려 놓고 두 손을 들었다. '주 예수보다 더 귀한 것은 없네'라는 찬송을 끊임없이 되풀이해 불렀다. 쉴 새 없이 눈물이 쏟아졌다.

"거기가 터닝 포인트였어요. 그날 작정했습니다. 목회자가 되기로요."

이야기를 들으면 들을수록, 한 인간을 주무르고 빚어서 일꾼으로 삼으시는 하나님의 손길이 선명하다. 평탄한 환경을 거칠게 흔들어 새 판을 짜고, 신앙 공동체를 무대로 잠재력을 끌어내고 됨됨이를 정련한 뒤에, 결정적인 도전으로 결단을 끌어내시는 부르심의 절차가 한눈에 들어온다.

'사또보다 샌님'이란 판단은 부분적인 수정이 필요하다. 선비처럼 차분하고 내향적인 겉모습의 이면에는 펄펄 끓는 불덩이가 자리 잡고 있는 게 분명했다. 초등학교 교사처럼 따뜻하고 부드러운 면모를 보이지만 이거다 싶으면 가진 걸 단번에 다 쏟아 붓는 승부사의 기질도 보인다. 그러니까 샌님은 샌님인데, 한 번 불이 붙으면 무섭게 타오르는 열혈샌님인 것이다. 챔피언도 그런 성향을 순순히 인정한다.

"상당히 내향적입니다. 조용한 걸 좋아하고, 묵상에 끌리는 기질입니다. 하지만 가슴 한복판에는 뜨거운 게 있어요. '이러저러한 걸 얻을 수만 있다면 오늘 죽어도 좋아'라는 식의 열정이 끓고 있어요. 물과 불이 한데 엉클어져 있다고나 할까요? 불같이 급진적인 부분이 있지만 또 어떤 면에선 한없이 부드러워요. 개혁적인 동시에 목양적이죠."

전력 파악은 얼추 끝났다.

맷집이 여간 좋아 보이지 않는다. 스스로 선택해 뛰어든 게 아니라 보이지 않는 손에 이끌려 선수가 됐다면, 힘을 쓰고 버텨 내는 능력이 남다를 것이다. 질문의 펀치를 예리하고 요령 있게 던지지 못하면 얻고 싶은 답을 끌어내지 못할 수도 있다. 좀처럼 사사로운 얘기를 하지 않으려는 가드 너머로 불씨를 던져서 폭발을 이끌어 내는 게 관건이다.

게임이 만만치 않겠다는 생각이 든다.

초반부터 거칠게 몰아치기보다 외곽을 돌며 틈을 봐야겠다.

01

목회자, 당신은 무엇을
붙잡고 있는가?

어떻게 하면
사역을 즐길 수 있죠?
부르심에 부응해
열심히 노력하는 것 말고
더 보태야 할 게
있단 말씀인데
도대체 뭘
어떡하란 뜻인가요?

목회가 어렵다고? 정말?

목회, 연애보다 달콤하고
소설보다 흥미로운

드디어 공이 울렸다. 링을 크게 돌며 잽을 던질 틈을 찾는다.

잽은 복싱에서 가장 흔히 쓰이는 기본 기술이다. 허리를 빠르고 짧게 돌리며 가볍게 끊어 치는 게 요령이다. 훅이나 스트레이트만큼 파괴적이지는 못하지만 수비를 허물어뜨리고 빈틈을 찾아내는 효과가 있다. 상대를 제대로 맞추지 못한다 해도 함부로 치고 들어오지 못하게 막아 주니 손해 볼 게 없다. 예측하기 어려운 시점에 가늠하기 힘든 방향에서 주먹을 내면 기대 이상의 재미를 볼 수 있다.

물론, 벽수의 잽은 진즉부터 준비되어 있다.

"많이 바쁘시죠?"

걷어 먹이는 식구가 3만 명이 넘는 대형교회의 담임목회자에게 바쁘냐고 묻는 건 한심하기 짝이 없는 질문이다. 하지만 언뜻 별 의미 없는 질문이거나 인사치레처럼 보이는 이 물음에도 나름대로 책략이 숨어 있다. 몰라서가 아니라 부러 파는 함정이고 일종의 낚싯밥이다. 시간에 쫓기면 힘에 부치게 마련이고 피로가 적정 수준을 넘으면 절로 신음이 나오는 법. 일단 "힘들어 죽겠다"는 자백만 받아 내면 곧장 뭘 하기에 그리 바쁘시냐고, 그 힘든 일을 왜 하시냐고, 그래서 행복하시냐고 다그칠 참이었다.

좌우연타에 어퍼컷으로 이어지는 3단 콤보다.

얼굴에 드리운 그늘의 정체가 궁금하다

'낯빛'을 집중 공략한다는 건 벽수식 필승전략이다. 목회자의 입말과 자연스럽게 드러나는 삶의 분위기는 자주 어긋난다는 걸 눈치 채고부터 거기를 약점으로 점찍었다. 많은 목회자들이 메시지를 전할 때는 환한 표정으로 주님과 더불어 사는 기쁨을 부르짖지만 일상에서 마주하면 심란하고 피곤한 기색을 감추지 못한다. 심지어 강단에서조차 피로감을 노출하는 사태도 드물지 않게 벌어진다. 처연한 얼굴로 "주와 같이 길 가는 것"이 즐거운 일이 아니냐는 찬송을 부르는 모습은 우스꽝스러우면서도 서글프다.

온종일 생글거리며 "안녕하십니까, 고객님!"을 외쳐 주길 기대하는 건 아니다. 목회자라고 왜 힘들고 고단한 일이 없겠는가? 하지만 그걸 이른바 '소명'의 이름으로 이겨 내고 제 가는 길을 즐기는 모습을 보고 싶단 뜻이다. 그리스도를 알고 믿고 따르는 게 행복하기 그지없다면, 그리고 뭇 사람들을 그 길로 불러들이고 이끌어 가는 일이 무한 영광스럽다면 말뿐 아니라 낯빛에서도 그런 기운을 감지할 수 있기를 기대할 따름이다.

일이 워낙 많고 분주하니 어쩌겠느냐는 설명에는 동의하기 어렵다. 로이드존스 목사는 목회를 "기도하고 말씀을 전하는 데 오로지하는 일"이라고 정의한다. 그 말이 참이라면 목회자들이 노심초사 매달리는 일들 가운데 상당 부분은 해도 그만, 안 해도 그만이란 얘기가 아닌가! 잔가지만 골라 쳐 내도 적잖은 시간을 확보할 공산이 크다. 그럼에도 불구하고 숱한 모임과 행사를 치르기에 바빠 설교를 준비할 시간이 모자란다는 탄식이 나오는 건 어찌된 심산인가? 그게 정말 양과 교회에 필요한 일인가?

공동체를 이끌어 가는 일이 얼마나 부담스럽고 복잡한 일인 줄 아느냐는 항변에도 쉬 공감할 수 없다. 교회의 주인은 주님이고 자신은 일꾼이라면서 왜 온 짐을 혼자 짊어진 듯 힘들어하는가? 그처럼 곤고한 기색으로 하나님나라 공동체의 아름다움을 설파하면 믿으라는 얘긴가, 말라는 소린가? 스스로도 풍족하게 먹지 못해 비쩍 마른 몸을 한 목자의 손짓을 따라가야 하는가, 말아야 하는가?

양들은 목자의 건강 상태에 생각보다 예민하다. 목자가 건강해야 꼴 한 줌이라도 더 얻어먹을 수 있다는 건 양들의 세계에선 이미 상식이다. 아무리 둔한 양도 그만한 눈치는 있다. 일에 치여 허덕이는 목자를 존경한다고 믿는다면 그건 천만의 말씀, 만만의 콩떡이다. 도리어 주님과 늘 어울리면서 제 한 몸 제대로 건사할 줄 아는 목자에게 더 끌린다.

그래서 묻고 있는 것이다.

"숨 돌릴 틈도 없이 바쁘시죠?"

성공이다. 허허실실로 던져 본 잽이었는데 야비한 싸움에 서
툰 열혈샌님이 딱 걸려들었다.

"지난 금요일만 하더라도 스케줄이 열 개나 잡혔더라고요.
그걸 다 소화해 냈어요. 새벽 4시 반에 나와서 철야기도까지 마
치고 새벽 1시에 집에 들어간 거예요. 우리 부교역자들도 다 바
쁘지만 바쁘단 소릴 못해요. 담임목회자가 어떻게 사는지 다 지
켜보고 있으니까요. 하긴, 이 땅에 사는 게 고단하긴 하죠. 백미
러 한번 들여다볼 겨를 없이 앞으로 앞으로 달려가야 하니까요.
시드니에서 갓 돌아와서는 몹시 낯설고 불편했어요. 20년이나
거기서 사역하는 사이에 이곳과는 전혀 다른 문화가 몸에 배었
거든요. 그나마 빨리 적응할 수 있었던 건 익숙한 지역으로 복귀
한 데다가 감당해야 할 사역이 많았던 덕이 아닌가 싶어요. 여기
가 아니라 서울로 돌아왔더라면 더욱 힘겨웠을 것 같아요."

쾌재를 부른다. 이제 '그래서 아주 죽을 맛'이란 반응만 끌어

내면 된다. 그 뒤엔 강력한 스트레이트가 기다리고 있다.

"목회가 즐겁고 부르심이 분명하다면 표정으로 증명해 보시죠! 하다못해 장사꾼도 비전이 뚜렷하고 성취 과정을 즐기는 부류들은 낯빛부터 다르지 않던가요?"

흘러넘치게 하는 행복한 사역

그런데 열혈샘님, 날아간 주먹을 가볍게 걷어 내더니 이내 반격을 가해 온다. 작정하고 팔을 뻗는 게 아니라 거의 반사적으로 반응한다. 말씀인즉, 일이 많은 건 사실인데 재미가 찰지니 힘든 줄 모르겠단 얘기다. 양치는 일이 고될지라도 할수록 힘이 나서 버겁지는 않단다.

"사역이 너무 재미있어요. 천생 목회자인가 봐요. 목회가 적성에 딱 맞고 즐거워요. 다른 쪽으로는 도무지 눈길이 가지 않아요. 여한이 없어요. 눈곱만큼도. 평생을 더없이 행복한 최상의 상태로 살았어요. 결과를 추구하는 게 아니라 일 자체를 좋아하고 기꺼워하는 쪽이죠. 빠져 사는 만큼 결과가 좋았고, 그게 또 시너지를 냈어요. 처음으로 책을 펴내면서 제목을 《흘러넘치게 하라》로 잡은 것도 그래서예요. 제 삶을 한마디로 압축하는 상징적인 표현이죠. 마음에 가득한 기쁨과 행복을 밖으로 흘려보내며 살고 또 목회를 해왔거든요."

열혈샘님은 바쁘고 고단하게 살기로 말하자면, 부교역자 시절부터 둘째가라면 서러울 정도였다. 누가 시켜서가 아니라 스스로 일을 만들었다. 그런 기질은 교육전도사로 목회에 첫발을 내디뎠을 때부터 여실히 드러났다. 자그마한 교회의 유초등부를 맡자마자 주변 지역을 정찰하고 조사해서 장문의 사역 계획서를 작성했다. 초등학교가 몇 개이고 학생이 몇 명인데 그 가운데 몇 퍼센트를 책임지겠다는 목표를 설정했다. 교문을 지키고 서서 아이들의 성향을 분석하고 공부했다. 일단 계획이 잡히면 거기에 따라 차곡차곡 사역을 발전시켜 갔다. 어느 교회에서 일하든 이런 성향에는 변함이 없었다.

당연히 일이 많고 시간에 쫓길 수밖에 없었다. 몸이 두 개라도 모자랄 만큼 바쁘게 살았고, 잠을 줄여 가며 일에 매달리는 나날이 계속됐다. 교회에서 승용차를 뽑아 주고 자동차 학원에 등록까지 해주었지만 운전을 배우러 다니는 건 고사하고 면허 시험을 치를 여유조차 없었다. 토요일 아침에야 간신히 짬을 낼 수 있었지만 금요철야까지 마친 터라 꾸벅꾸벅 졸며 시험장을 오갔다. 귀동냥으로 이론을 익힌 게 전부라 시험이 곧 연습이었다. 당연히 합격의 길은 멀고도 멀었다. 더 이상 수입인지를 붙일 자리가 없을 때까지 낙방과 도전을 거듭해야 했다.

하지만 목회가 주는 즐거움은 그 수고를 상쇄하고도 남았다. 오죽했으면 결혼마저 미루고 사역에 매달렸겠는가!

"서른한 살에 식을 올리고 서른넷에 첫아들을 봤으니까 당시로선 결혼이 아주 늦은 편이었어요. 물론 여기저기서 말들이 많았어요. 예나 지금이나 교회에는 자매들이 많잖아요. 그런데도 흥미진진한 사역에 온 정신이 팔려서 완전히 잊고 지내다시피 했던 거죠. 아내는 지인의 소개로 만났어요. 아무래도 목회자니까 비전을 공유할 수 있는가, 한 방향을 바라보며 사역의 길을 같이 걸어갈 수 있는가를 확인하는 게 가장 중요했죠. 이야기를 나눠 보니까 잘 맞는다 싶더라고요. 금방 결정을 내렸죠.

하지만 그러고 나서도 자주 만나 어울리진 못했어요. 가끔 전화를 주고받는 게 고작이었고요. 준비는 아내가 도맡아 하다시피 했어요. 더러 청년들에게 메시지를 전하면서 우스갯소리 삼아 그때 이야길 꺼내요. 신혼여행을 떠나는 날, 비행기가 이륙하는 순간 처음으로 아내의 손을 잡았는데 왠지 아느냐, 어지러워서 그랬다고 하면 다들 배꼽을 잡고 웃지요."

목회, 즐거우니까

호기롭게 공세로 시작했는데 헛심만 썼다. 잽 한 번 던지곤 이내 수세에 몰린 느낌이다. 천천히 링 사이드를 돌면서 호흡을 가다듬는다. 몸은 링 위에 있는데 생각은 별천지 모임으로 달려간다.

시작한 지 한 해가 채 지나지 않았으니 아직 가타부타 말할 처지는 아니지만 지금까진 별 탈 없이 굴러가고 있다. 주일예배 시간에 들은 메시지를 중심으로 말씀을 공부하고, 저마다 삶의 현장에 어떻게 적용할지 돌아보고, 기도하는 일에도 제법 틀이 잡혔다. 복음을 전해야 할 이들을 적어 내고 함께 방법을 찾는다. 서로 연락하고 심방하며 돌본다. 계절로 치자면 따뜻한 봄날이나 생명력이 왕성한 여름철쯤 되는 양상이다. 하지만 머잖아 가을이 오고 겨울도 닥칠 게 뻔하다. 과연 그 혹독한 시절에도 여전히 행복한 낯빛을 지킬 수 있을까? 어떻게 해야 중심을 잃지 않을까?

다시 팔을 움츠리고 잽을 날릴 태세를 갖춘다. 공격을 하려는 게 아니라 가볍게 건드려서 챔피언의 노련한 반응을 보는 포석이다. 한 방 얻어맞으면 아프긴 하겠지만 그만큼 배우는 것도 있을 터. 망설이고 체면 차릴 일이 아니다.

"어떻게 그럴 수가 있죠? 그런 기쁨과 열의는 어디서 나오나요?"

챔피언이 슬쩍 한 발을 빼며 외곽을 돌기 시작한다. 다 식어

빠진 커피를 한 모금 마시기도 하고 함께 주문한 아이스크림을 마저 먹으라고 권하기도 한다. 도전자의 스탠스가 수비적으로 바뀐 걸 눈치 챘음에 틀림없다. 질문을 듣지 못했다는 듯 딴청을 피우다가 밑도 끝도 없이 툭 던진다.

"목회든 사역이든 억지로 할 필요가 없어요. 의무감으로 버틴다고 될 일도 아니고요. 하나님의 일은 다 마찬가지예요. 자기한테 주신 은혜에 기쁨으로 반응하고 헌신할 따름이죠. 특별새벽기도회만 해도 그래요. 한 해에 몇 차례 정기적으로 특별새벽집회를 여는 게 쉬운 일이겠어요? 목회자에게도 힘든 일이죠. 그런데 어떻게 그걸 억지로 하겠어요. 즐거우니까 하는 거죠. 즐기니까요. 그런 점에서 전 참 편하게 목회하는 스타일입니다."

애가 탄다. "아니, 그래서 묻잖습니까, 어떻게 하면 그렇게 사역을 즐길 수 있느냐고요?"란 질문이 머릿속에서 빚어져 입으로 튀어나오려는 순간, 공이 울렸다.

"땡!"

변화는 어디서 시작되는가?

목양 1번지는 자신,
은혜에 맡기라

서둘러야 한다. 후반으로 갈수록 상대의 술책에 말려 고전할 가능성이 높다. 이편이 다소나마 우세하다고 볼 만한 구석이라고는 투지뿐이다. 수 싸움에 말려 독기마저 잃고 나면, 퉁퉁 부은 얼굴로 바닥에 쓰러져 버둥거리는 신세를 면하기 어렵다. 어떻게든 챔피언을 코너에 몰아넣어야 주먹이라도 한 번 써 보고 링을 내려올 게 아닌가!

서둘러 1라운드 말미의 질문을 물고 늘어진다. "부르심에 부응해 열심히 노력하는 것 말고 더 보태야 할 게 있단 말씀인데 도대체 뭘 어떡하란 뜻인가요?"라고 물어야 하지만 시간을 아끼기 위해 네 글자로 줄인다.

"그래서요?"

먼저 가보지 않고는 데려갈 수 없다

질문을 해놓고 눈치를 살핀다. 귀를 쫑긋 세운다. 톤의 변화
가 중요하다. 목청을 돋우면 당황하거나 짜증이 났다는 뜻이고
목소리에 새로운 색깔을 입히면 화제를 돌리고 싶다는 얘기다.
조금이라도 뒷걸음질을 치거나 사이드스텝을 밟으면 찬스를 놓
치지 말고 날렵하게 밀어붙여야 한다.

마침내 열혈샌님의 입이 떨어졌다. 한 마디 한 마디 방점을
찍어 가며 답을 토해 낸다.

"은-혜-를 경험해야죠. 하나님을 만나야 합니다. 목회자는
더도 덜도 없이, 스스로 하나님을 만나고 경험한 수준만큼만 은
혜를 흘려보내게 되어 있습니다."

옵션에 포함되지 않았던 답이고 예상문제집에 없던 새로운
패턴이다. 난데없고 난감하다. 목회자가 되었다는 건 이미 은
혜를 체험했다는 뜻일 터, 무슨 은혜를 또 맛보라는 겐가? 음성

에 변화가 없고 음조가 달라지지도 않으니 속내를 가늠할 길이 없다. 물러설 줄 알았던 상대가 슬쩍 몸을 돌리며 카운터블로 (counterblow)를 뻗어 왔다. 피해야 할지, 막아야 할지 모르겠다. 다행히 알아듣기 쉬운 설명이 따라붙는다.

"관광객을 안내하는 가이드를 생각해 보세요. 직접 가본 데까지만 팀을 데려갈 수 있는 법이죠. 한 번도 답사해 본 적이 없는 곳이라면 무슨 수로 손님들을 안내하겠어요. 안 그래요? 반면에 남모르는 비경을 찾아낸 가이드는 누구한테든 소개하고 싶어서 입이 근질근질하겠죠. 길이 험하고 거칠더라도 뿌듯하고 자랑스러운 마음으로 팀을 데려갈 테고요.

목회자도 마찬가지예요. 영적으로 얼마나 깊이 들어가 봤느냐에 따라 양들이 경험하는 세계도 달라져요. 그러니까 누굴 가르치고 인도한다는 의식을 갖기에 앞서, 한 명의 그리스도인으로서 바로 서려는 몸부림이 필요합니다. 하나님이 은혜를 베푸시고 말씀으로 깨우쳐 주시면 목회자를 움직인 바로 그 말씀을 통해 주님이 역사하십니다."

말대로라면, 교회는 목회자의 영적인 현주소를 고스란히 반영하는 거울이란 얘기다. 양들의 상태를 탓할 게 아니라 목자의 허물과 결점을 먼저 짚어 보라는 뜻으로도 해석할 수 있는 말이다. 뭐지? 요즘 아이들이 흔히 쓰는 말처럼 '셀프 디스'인가?

열혈샘님은 출애굽기 14장의 모세를 들먹이며 친절한 해설을 덧붙인다. 알다시피, 당시 이스라엘 백성은 오도 가도 못하는 신세였다. 뒤에선 이집트의 정예군이 맹렬하게 추격해 오고 앞에는 홍해가 버티고 길을 막았다. 모세에겐 또 다른 압박이 가해졌다. 온 백성의 원성이 단 한 사람, 지도자에게 집중되고 있었다. 분위기는 갈수록 험악해졌다. 돌멩이가 날아오는 건 시간문제였다. 자, 여기서 하나님은 누굴 시험하고 계시는가? 겁에 질리고 분노에 휩싸인 백성이 아니라 지도자 모세라는 게 열혈샘님의 주장이다. 그이의 영적인 좌표를 확인하고 싶어 하셨다는 것이다.

"모세는 거기서 '그러게 말이오, 하나님이 왜 이러시는지 나도 모르겠소. 왜 여기까지 끌고 와서 죽게 하시는지! 그러니 어쩌겠소, 같이 죽을밖에!'라고 중얼거리거나 '당신들만 힘든 줄 아쇼? 나도 죽을 맛이올시다!'라고 투덜거리지 않았습니다. '너희는 가만히 서서…!'라고 외쳤을 따름입니다. 믿음으로 선을 긋고 주님의 음성을 기다리며 귀를 기울인 겁니다. 이처럼 지도자는 백성과는 다른 관점을 가지고 있어야 합니다. 리더니까요. 앞날이 불투명한 상황에서도 믿음의 안테나를 하늘에 맞추고 하나님의 말씀을 경청해야 합니다. 그게 목회자가 살아야 할 선지자적 삶입니다."

찬스다. 좁긴 하지만 파고들 틈이 드러났다. 목회자가 가져야 할 기본자세를 단호하게 짚는 순간을 노려 힘이 잔뜩 실린 펀치를 들이민다.

"그만한 자질을 갖추지 못했다면 목회 일선에서 물러나야 하는 게 아닐까요?"

너무 과했나? 허공을 가르며 날아간 주먹이 가드에 막혀 맥없이 떨어진다. 얼굴을 가린 글러브 사이로 챔피언의 두 눈이 반짝 빛난다.

복싱은 두 선수가 서로의 움직임을 끊임없이 주시하며 빈틈을 노리는 경기다. 크게 휘두른 펀치가 적중되지 않으면 매서운 반격을 각오해야 한다. 실패를 만회하려 무리수를 두기보다 가볍게 잽을 던지며 물러나는 게 바람직하다.

"아니, 과연 그런 목회자가 얼마나 있을까 싶어서 그냥 해본 말입니다."

열혈샌님도 장단을 맞춰 주며 선선히 물러선다.

"많이 있을 겁니다, 우리가 몰라서 그렇지. 바알에 무릎 꿇지 않은 7천 명이 분명히 있을 겁니다."

기름 부음은 간 데 없고 직분만 남아

은혜에 깊이 잠길 줄 아는 지도자를 둔 백성은 행복하다. 모세가 중심을 잃지 않은 덕에 이스라엘 백성은 단 한 명도 수장되지 않고 홍해를 건널 수 있었다.

퍼뜩 짚이는 게 있다. 시합을 앞두고 챔피언을 연구하다가 인상적인 글을 만났다. 열혈샌님이 쓴 책의 한 대목이다. 그때는 부르심에 관한 얘기라고 봤는데 설명을 듣고 보니 일상에서 체험하는 은혜의 깊이와 능력과 아귀가 더 잘 들어맞는다.

어린아이에게도 기름 부으심이 있으면 놀라운 일이 일어납니다. 기름 부으심은 나이와 상관없습니다. 직분과도 상관없습니다. 직분은 있는데 기름 부으심이 없으면 초라한 인생이 됩니다. 아무 일이 일어나지 않습니다… 기름 부으심이라는 말에는 '하나님이 사로잡으셨다'는 의미가 있습니다. 어디에 기름을 부으셨습니까? 머리에 기름을 부으셨습니다. 이제 모든 것이 하나님의 통치하에 붙잡혀 있습니다. 내 마음대로 숨 쉴 수도 없습니다. 내 마음대로 죽을 수도 없습니다. 내 삶은 감추어질 수 없습니다. 하나님이 드러내십니다. 가만히 있고 싶어도 가만히 있을 수가 없습니다. 하나님이 떠미시고 하나님이 이끄십니다.(《깊은 만족》, 300-301쪽)

챔피언의 목소리에서 아쉬움이 묻어난다. 기름 부으심을 받고 은혜에 이끌려 양 떼를 살피는 목회자가 갈수록 줄어든다는 사실이 새삼 사무치는 눈치다. 한국교회의 중진으로 꼽히던 선배 목회자가 세상을 떠났을 때, 지향점을 제시해 주는 어른들이 하나둘씩 떠나는 게 안타까워 엉엉 목 놓아 울더라는 어느 부교역자의 귀띔을 받은 터여서, 톤의 변화가 한결 뚜렷이 감지됐는지도 모른다.

열혈샌님은 지금은 사어가 되다시피 한 '영권'(낱말풀이를 하자면 영적인 권세쯤 되지 않을까?)이란 용어까지 동원해 가며 목회자의 어제와 오늘을 비교한다. 예전의 목회자들은 학교 공부도 짧고 허점투성이인 데다가 사회적인 수준이 높지 않았어도 영권이 있었는데, 요새는 풍부한 지식은 물론 정연한 논리까지 고루 갖췄지만 그 한 방, 그 한 판이 없어 보인다는 것이다.

"개인적인 생각이긴 합니다만, 목회자가 세속화에 휩쓸리면서 영적인 집중력을 잃어버렸기 때문이 아닌가 싶어요. 규격화된 신학 교육을 마치고 나서 절차에 따라 안수를 받고 목사가 된 목회 전문 기능인의 비중이 커진 거죠. 직함은 있는데 소명이 없고 서품은 받았으되 기름 부음이 없으니 목회를 한다기보다 하루하루 버티기에 급급할 수밖에요. 이게 어디 목회자만의 문제겠습니까? 이름만 남고 알맹이는 빠져 버린 크리스천들은 또 얼마나 많습니까? 로이드존스 목사님이 꼬집었듯이 유사 그리스도인이 수두룩해진 거죠. 이름은 있으나 실상은 죽은 그리스도인들 말입니다."

카드를 선점당하면서부터 주도권이 챔피언 쪽으로 쏠리는 분위기다. 양을 탓하기 전에 목자의 자기반성이 있어야 하는 게 아니냐고 다그칠 셈이었는데 저편에서 먼저 반성문을 들고 나오니 딱히 보탤 말이 없다.

그럼 2라운드는 아예 버릴 작정이냐고? 무슨 그런 말씀을! 그건 선수의 도리가 아니다. 이순신 장군에게 배 열두 척이 있었다면 벽수에게는 '손가락질 신공'이 남았다. "남들 얘긴 됐고, 님은 어떠신가요?"란 추궁 앞에 배겨 낼 장사가 있을까? 이 기교의 묘미는 말이 아니라 눈빛을 쓴다는 데 있다. 머릿속의 물음을 입 밖으로 꺼내 놓는 순간, 공격의 의도가 적나라하게 노출되면서 역공의 여지가 생기기 때문이다. 행여 "아무리 그래도 그렇지, 어떻게 목회자한테 대놓고…"라는 식의 반격을 받았을 때 빠져나갈 구멍이 좁아질 우려도 있다.

변화의 진앙은 목회자의 중심

벽수의 속내를 족집게처럼 읽어 낸 열혈샌님, 눈빛을 접수하자마자 쾌속으로 답변을 내놓는다. 말간 얼굴을 하고 있어도 눈치가 백단이다.

"한국교회를 바꾼다고요? 제가 어찌어찌 해서요? 어불성설입니다. 바꿀 수도 없고 바뀌지도 않아요. 목회자가 애쓰면 성도가 변화될까요? 어림도 없어요. 처음부터 끝까지 성령님이 움직여야 가능한 일입니다. 그러니 세상을 바꾸려는 노력보다 제 앞가림이 먼저겠죠. 저라고 다를 게 있겠습니까? 늘 고민하는 주제는 자신이지 우리 교회가 아닙니다. 저만 진짜 목사로 잘 서

있기만 하면 됩니다. 목회자가 무너지면 다 무너지거든요. 반면에 제가 중심을 잘 유지하면 양들은 자동적으로 행복해지게 되어 있습니다. 교인이 만 명이든 열 명이든 매한가지입니다. 목회자가 불안정하게 흔들리다 영적으로 무너지면 그땐 그야말로 난리가 나는 겁니다."

반짝 머리에 불이 들어왔다.

열혈샘님이 입버릇처럼 되풀이하는 '목양의 1번지는 목회자 자신'이란 얘기가 무슨 뜻인지 비로소 감이 잡힌다. "목자만 중심을 잘 지키면 양들은 자동적으로 행복하게 되어 있다"는 말이 날을 벼린 표창처럼 날아와 박힌다. 깨달음은 점검과 자책을 부른다. 질문이 꼬리를 문다.

공동체의 한 가족으로서 난 행복한가? 소그룹 별천지의 리더로서 난 식구들의 행복을 보장하고 있는가?

그나저나 손가락질 신공은 개나 줘 버리든지 해야겠다. 아무리 겨냥을 잘해서 던져도 열에 아홉은 거꾸로 날아와 질겁하게 만드니 이걸 어디다 쓴단 말인가!

3 라운드

위기는 없다

위기의 목회자,
외줄을 잡아라!

뒷조사를 좀 했다. 비겁하다고? 빙고! 한눈에 벽수의 밑천을 꿰뚫어본 혜안에 박수를 보낸다. 굳이 변명을 하자면, 그것 말고는 요리조리 빠져나가는 챔피언을 코너로 몰 도리가 없었다. 그냥 피하는 게 아니라 치고 빠지기를 되풀이하는 통에 정신을 차리기가 어려웠다. 한 대씩 맞으면 고개가 뒤로 턱턱 꺾였고, 간신히 피했다 해도 주먹이 귓가를 스치며 내는 '쌩' 소리가 으스스했다. 현란한 푸트워크(Footwork)를 잡기 위해선 그만큼 강력한 조처가 필요했다.

자신 있었다. 부교역자와 장로는 담임목회자의 허점을 캐는 양대 광맥이다. 아무래도 가까운 거리에서 지켜볼 수 있는 입장들이라 순도 높은 정보가 무궁무진하다. 경계심만 살짝 풀어 주면 십중팔구 이편이 듣고 싶은 얘길 봇물처럼 쏟아 낸다.

일단 부교역자들부터 훑었다. 차례차례 열혈샌님을 어떻게 생각하는지 물었다. 1번 부목사가 답한다. "목회란 인간이 몸부림쳐서 어찌해 볼 수 있는 일이 아니고 처음부터 끝까지 하나님이 이루시는 역사라고 믿는 듯해요. 그렇다고 아예 결정론으로 흐르는 건 아니고 거룩한 섭리에 적극적으로 반응하는 스타일에 가깝죠." 2번 부목사가 이어받는다. "부교역자들부터 바뀌고 있다는 사실 자체가 담임목사님의 철학이 얼마나 큰 영향력을 가지고 작용하는지 보여 주는 증거일 겁니다." 4번까지 들었는데 천편일률이다.

장로 쪽의 형편도 비슷하다. 고작 한 시간 인터뷰하는 동안 "목사님(열혈샌님)과 함께할 수 있어서 얼마나 행복한지 모르겠습니다"란 소리를 몇 번씩 되풀이한다. 이쯤 되면 매수설, 협박설, 세뇌설이 떠돌아도 이상할 게 없는 분위기다. '위대하신 지도자 동지'를 찾지 않는 것만 해도 감지덕지다.

어쩔 수 없이 다시 빈손으로 링에 오른다. 도전자가 챔피언에게 "약점을 좀 알려 주시면 거길 집중적으로 공격해 보겠습니다"라고 애원하는 전대미문의 사달은 그렇게 시작됐다.

실패해 본 경험도, 위기도 없다?

조금이나마 체면을 지킬 셈으로 "목회 인생 전체를 통틀어 무얼 가장 큰 위기로 꼽으세요?"라고 바꿔 물었지만 결국은 도긴개긴, 거기서 거기다.

착각이었을까?

그럼에도 불구하고 다시 한 번 천지를 뒤흔드는 함성을 들은 것 같다. 역시 관중은 성공담보다 실패담을 반긴다. 자식까지 잡아 바치는 믿음의 조상보다 아내를 누이라고 속여 가며 목숨을 구걸하는 연약한 인간에게 한결 동질감을 느낀다. 성질을 부리며 지팡이로 바위를 두들겨댄 전과기록이 빠졌다면 오늘의 독자들이 모세에게 해줄 수 있는 말은 "님, 참 잘나셨음"이 고작일지 모른다. 죽을 고비를 수도 없이 겪으면서도 줄곧 하나님을 의지해 홍해를 가르고 메추리를 부르는 철인을 무슨 재주로 따라

가고 흉내 낸다는 말인가!

정성스럽고 우아한 질문에 비해 참으로 무성의하고 투박한 대답이 돌아온다.

"생각나는 게 없는데….'

벽수는 웃으며 열혈샘님을 마주본다. '시간 많이 드릴 게요. 잘 헤아려 보세요'란 메시지다.

손을 부비며 곰곰이 되짚어 보더니 끝내 쐐기를 박는다.

"없어요. 음, 없는 것 같아요."

한눈에 보기에도 내성적인 샘님 형 목회자의 입에서 나온 말치고는 지나치리만치 자신감이 넘친다. 자고로 목회자라면 속으로야 어찌 생각하든 겸손한 제스처를 취하는 게 일반적이다. 좋은 말이 좀 많은가? "어디 한두 가지여야 말이죠"도 괜찮고 "목회를 하다 보면 하루하루가 위기 상황이죠"도 근사하다. 그런데 도대체 뭘 근거로 "내 사전에 실패나 위기란 없다"고 단언하는 걸까?

게다가 수십 년 목회를 해왔는데 이날 입때까지 고비가 없었다는 건 납득하기 어렵다. 위기의 경험이 너무 아파서 새삼 들춰

내고 싶지 않거나 만사를 신앙적으로 해석하다 보니 위기를 위기로 의식하는 감각이 무뎌졌음에 틀림없다. 어느 쪽이든 깊이 파고들어 승부를 걸어 봄 직하다. 이런 순간에 입을 떼는 건 하수의 몸짓이다. 고수는 침묵으로 압박하는 법이다.

그럼 그렇지. 열혈샘님이 먼저 이야기를 꺼낸다. 그런데 그게 좀 '거시기'하다. 사사기를 물었더니 역대기를 들고 나오는 꼴이다. 질문은 위기, 약점, 실패 따위에 관한 것인데 대답은 '사역지를 이리저리 옮겨 다닌 역사'뿐이다.

목회가 너무 재미있다고?

"여기서 멀지 않은 동네에서 사역을 시작했어요. 한편으로 신학교에 다니면서 다른 한편으로는 교육전도사 자리를 얻어서 들어간 거죠. 거기서 졸업 직전까지 일했습니다. 열심히 뛰었고 뛴 만큼 사랑도 받았어요. 교회에선 전임 사역자로 임명할 준비를 다 마쳐 둔 상태였습니다. 조건만 가지고 보자면 참 좋은 일

터였어요. 누구나 가고 싶어 할 만했죠. 하지만 사표를 냈습니다. 목회자로 자라고 성숙하기 위해서는 다른 데 가서 새로 시작하는 게 좋겠다고 판단한 거예요."

링을 넓게 쓰며 빙빙 돌다가 이편이 방심하는 순간을 노려 한 방씩 날리는 샌님 특유의 아웃복싱이 벌써 3라운드째 이어지고 있다. 아직은 속내를 정확히 가늠키 어렵다. 교회에 들어갔다가 옮겼는데 뭐, 어쩌라고! 목회자라면 누구나 적어도 한두 번씩은 이 교회 저 교회를 전전하게 마련 아니던가! 다만, 미리 갈 데를 마련해 놓고 나서 사직한 게 아니라 다음 행보는 완전히 하나님께 맡기고 그만두겠다는 뜻을 전했다는 점만은 마음에 담아 놓는다. 어쩐지 거기에 주요한 단서가 숨어 있을 것만 같다.

덜컥 사표를 내놓고 두 주쯤 기다렸을 때, 생각지도 못했던 곳에서 연락이 왔다고 한다. 무섭게 성장하고 있는 대형교회 담임목회자로부터였다. 단 한 번 얼굴을 마주하지도 않았고 특별히 연관 지을 만한 이력이 있는 것도 아니었다. 하나님이 역사하셨다는 말 외에는 달리 설명할 길이 없었다(그곳의 부교역자로 있던 후배가 다리를 놓았음을 알게 된 건 나중의 일이었다). 처음으로 대면하는 자리에서 함께 일하자는 제안을 받았다. 편안한 마음으로 단박에 결정을 내렸다. 지역에 아무런 연고가 없으면서도 멀리까지 내려와 복음화의 열정을 불태운다는 사실만으로도 담임목회자가 존경스러웠다.

무대는 바뀌었지만 사역은 여전히 즐겁고 스릴만점이었다.

"목회가 너무 재미있었어요. 성경공부 하는 게 너무 좋았고요. 소그룹 모임이 말할 수 없이 즐거웠어요. 얼마나 행복했던지 한창때는 모임을 일곱 개나 이끌었으니까요. 공식적인 신분은 부교역자였지만 단 한 번도 남의 사역을 돕는다고 생각해 본 적이 없습니다. 내가 내 목회를 한다고 여겼을 따름이죠. 풀타임, 파트타임을 가릴 줄도 몰랐고요. 마치 담임목회자처럼 주도적으로 계획을 세우고 사역을 이끌어 나갔습니다. 마음을 다해 뛰니까 점점 중요하고 큰일들이 맡겨졌어요. 큰 집회의 설교에서 심방, 교구사역, 행정, 목회 기획까지 웬만한 일들은 다 경험했어요."

해를 거듭할수록 교회 안팎의 신임도 깊어졌고 그 믿음을 바탕으로 더 부지런히 현장을 누비고 다녔다. 무엇 하나 불만스러울 게 없었다. 특히 교구사역은 목회적인 역량을 꽃피우기에 더없이 훌륭한 마당이었다. 앞에서 만났던 장로("행복합니다"를 연발하던)는 그 시절 샌님의 모습을 이렇게 기억한다.

"제가 목사님이 담당하는 교구 소속이었기 때문에 잘 알아요. 식구들이랑 관계가 더없이 좋았어요. 정말 믿고 사랑하는 사이였죠. 다들 마음을 주고 가까이 지냈으니까요. 왜 그랬는지는 정확하게 모르겠지만, 소탈하고 친절하면서도 매너가 깔끔하시잖아요."

안전을 버리고 자유낙하를 선택하다

그런데 바로 그 정점에서 열혈샌님은 제 발로 뛰어내렸다. 한마디로 정리하자면, 만사가 태평하고 원만하기 그지없는 상황에 더 이상 안주해선 안 되겠다는 판단이 들었기 때문이다. 사역이 힘들거나 위기를 맞아서가 아니라 목회자로서의 정체성을 확인하기 위해 내린 결단이었다. 그는 안주와 고착을 피하는 수단으로 안전망을 죄다 끊어 버린 뒤에 스스로 절벽 아래로 몸을 던지는 '자유낙하'를 선택했다. 사직서를 내고 교회를 떠나기로 한 것이다.

결정은 금방 내렸지만 공표는 더뎠다. 여유를 두면 너나없이 붙들고 말릴 것 같았다. 이것저것 힘을 보태 주고 싶어 하는 이들도 적지 않을 성싶었다. 아끼고 사랑하는 마음은 알고도 남지만 거기에 따랐다간 단단히 세운 뜻이 퇴색될 게 뻔했다. 담임목회자에게는 한 달 전쯤 알리고 이해를 구했다. 식구들에게는 두어 주를 남긴 시점에, 그것도 메시지를 전하는 가운데 담담하게 소식을 전했다. 해외에 나가 견문을 넓히고 싶다는 명분을 내세웠다.

이번에도 똑같은 패턴이 반복됐다. 일단 사표부터 내고 다음 일은 하나님의 결정에 맡겼다. 서둘러 살림살이부터 정리했다. 결혼하면서 장만한 세간들은 이 사람 저 사람의 손으로 넘어갔다.

행선지는 오스트레일리아로 잡았다. 누가 오라는 것도 아니고 기다리는 이가 있는 것도 아니었다. 아는 교회도 없었다. 가면 뭘 하겠다는 마련도 없었다. 생활비를 넉넉하게 챙긴 것도 아니었다. 손에 쥔 자금으로는 몇 개월을 버티기도 어려웠다. 가진 거라고는 인도하시는 대로 따라가겠다는 각오와 바닥에 패대기쳐지지 않도록 하늘 아버지가 붙들어 주시리라는 믿음뿐이었다.

여정의 끝이 궁금한가? 결과부터 말하자면, 도박에 가까운 그 도발은 열혈샘님의 목회를 새로운 차원으로 끌어올리는 견인줄이 되었다.

실직 목회자 생활은 오래가지 않았다.

우연히 두어 가정이 모인 자리에서 메시지를 전했던 게 실마리가 되었다. 낯선 땅에서 이민자로 고단하게 살던 이들의 마음으로 말씀이 스며들어 갔다. 은혜를 받은 이들의 입을 통해 소문이 퍼지면서 모임의 몸피는 자꾸 불어났다. 약속한 기간을 다 채웠음에도 불구하고 참석자들은 놔주려 들지 않았다. 둘러보면 꼴을 제대로 얻어먹지 못해 여위고 기진한 양들이 사방에 가득했다. 목회자로서는 차마 외면하고 돌아서기 어려운 상황이었다.

얼마 지나지 않아서 모임은 가정집에서 수용하기 어려울 만큼 커졌다. 더 큰 공간을 찾아 여기저기 떠돌아다니는 과정이 되풀이됐다. 불편하기 짝이 없는 조건에도 불구하고 양 떼는 끊임없이 밀려들었다. 나중에는 도시 외곽에 있는 고등학교 강당을 빌려 예배를 드리게 되었다. 자동차로 한 시간 남짓 걸리는 거리였지만 말씀에 주린 심령들은 멀고 가까움을 가리지 않았다. 당장은 갓 세워진 공동체에 지나지 않지만 그 추세대로라면 금방 커다란 교회를 이루고도 남을 법했다. 마침내 담임목회자가 되어 달라는 공식적인 요청이 들어왔다. 열혈샌님의 자유낙하 실험은 대대적인 성공으로 마무리될 것처럼 보였다.

하지만 바로 그때 천만 뜻밖의 지점에서 브레이크가 걸렸다. 오스트레일리아에서 목양을 하려면 종교비자를 받아야 했다. 걱정할 일은 아니었다. 일단 한국으로 돌아와 비자를 신청하고 면담을 거쳐 승인을 받으면 끝날 일이었다. 길어야 몇 달이었다. 그런데 일이 이상하게 꼬이기 시작했다. 비자 발급은 거부됐다. 다시 시도한다 해도 성공한다는 보장이 없었다. 길은 두 갈래였다. 하나님의 인도하심을 믿고 기약 없이 기다리거나, 현실을 받아들이고 한국에서 사역할 방법을 찾아야 했다.

샌님은 이번에도 '열혈'의 기질을 유감없이 발휘했다. 시드니 공동체에 사실을 알리고 자신을 목회자로 세우겠다는 뜻에 변함이 없는지를 확인했다. 주님의 선하신 계획을 믿고 기다려 보자는 데 뜻을 같이했다. 국내에서 사역할 곳을 물색한다는 카드는 아낌없이 버렸다. 그렇게 1년 반을 기다려 하나님의 재가를 받았다. 어떤 안전선까지 포기할 수 있는지, 거룩한 손길을 얼마나 깊이 신뢰하고 의지할 수 있는지 검증하는 시험 과정이었다. 마지막 관문을 통과한 뒤로 사역은 상승기류를 타기 시작했다. 교회는 빠르게 성장하고 나날이 성숙해서 종내는 수천 명이 출석하는 시드니 최대의 한인교회가 되었다. 열혈샌님 역시 목회자로서 가진 뜻을 유감없이 펼칠 수 있었다.

그렇게 20년이 흘렀을 즈음, 다시 한 번 결정적인 선택의 순간이 찾아왔다.

계산을 떠난 모험적 결단

한국에서 마지막으로 섬겼던 대형교회에서 담임목회자로 와 주십사 하는 청빙이 왔다. 원로목사의 퇴임을 앞두고 후임을 물색하는 가운데 열혈샘님이 가장 유력한 후보로 꼽히게 되었다는 설명과 함께였다. 원로목사와 청빙위원들은 그의 어떤 점을 주목했던 것일까? 샘님은 추측한다.

"청빙위원회에 전권을 위임하시면서도 원로목사님은, 제가 후임이 되길 내심 기대하셨던 것 같아요. 지난날 부교역자로 열심히 일했던 점도 감안하셨겠지만, 한 공동체를 개척해서 스무 해 동안 무리 없이 이끌어 왔다는 데 높은 점수를 주신 게 아닌가 싶어요. 더러 그런 뉘앙스를 풍기는 말씀을 하셨을 테니 위원들도 그분의 심중을 읽고 있었겠지요."

쉽게 결정할 수 있는 일은 아니었다. 시드니의 교회는 진즉부터 궤도에 오른 상태였다. 건강성에서 지도자나 식구들과의 관계, 재정에 이르기까지 삐거덕거리는 구석이 없었다. 오랫동안 오스트레일리아에서 생활하면서 문화적으로도 이미 현지화가 끝난 상태였다. 모국은 아니었지만 하루하루 살아가기에 불편할 일도, 거북할 일도 없었다. 하지만 귀국해서 마주할 한국 사회와 교회는 떠날 때의 모습과 판이할 게 분명했다. 적응하고 정착하기까지 감수해야 할 수고가 적잖았다. 그렇다면 이 안온한 환경을 뒤로하고 굳이 한국으로 돌아갈 필요가 있을까?

샌님뿐만 아니라 청빙위원들조차도 일이 성사될 가능성이 높지 않다고 판단했다. 다시 '행복' 장로의 말이다.

"청빙위원회에서 거론되기 전부터 이미 사방에서 이야기가 많았어요. 하지만 가능성은 희박하다고 봤습니다. 이미 기반을 닦고 성공적으로 사역하고 있는 데다가 그 삶을 즐기고 행복해하는 분이 우리가 청한다고 선뜻 오실지 의심스러웠거든요."

그러나 샌님은 이번에도 통념을 깨는 결정을 내렸다. 애써 가꾸고 닦아 놓은 길을 버리고 거칠고 험한 쪽으로 방향을 튼 것이다. 일단 한국으로 돌아가겠다는 결심이 서자 일사천리로 신변을 정리했다. 불투명한 앞날을 향해 무작정 첫발을 떼어 놓은 뒤에 선하게 이끌어 주시길 구했다. 기시감이 들 만큼 똑같은 패턴이 반복되고 있었다. 그이의 말에 따르자면 그런 결단은 이미 내면화되어 일종의 습관 또는 문화가 되어 있었다.

"제 삶의 중요한 전환기에는 그렇게 하나님을 전적으로 신뢰하면서 계산하지 않고 결정하는 면이 있어요."

열혈샌님은 '전환기'라는 표현을 사용했다. '다른 방향이나 상태로 바뀌는 시기'라는 뜻이다. 편안하고, 익숙하고, 넉넉해지는 걸 위기 또는 방향을 바꿀 시점으로 보고 그때마다 자신을 벼랑으로 내몰고 거침없이 몸을 던진 셈이다.

문제는 마음가짐과 요령이다

위기나 실패가 없었다는 게 무슨 소린지 이제야 짐작이 갔다. 남들과 똑같이 위태롭고, 불안하고, 불확실한 상황들에 마주하지만 그 파도에 묻히지 않고 타넘는 요령을 터득하고 있었다. 외줄에 몸을 싣고 조심스럽게 목표를 향해 나가는 처지이긴 매한가지지만 균형을 잃지 않는 비결을 깨친 듯했다.

어쩌면 줄타기의 유형과 줄의 종류 자체가 다를지 모른다. 두 지점을 연결한 줄 위를 위태롭게 걷는 게 아니라, 수직으로 드리운 줄을 잡고 날아가서 다음 가닥을 움켜쥐길 거듭하는 타잔 식 줄타기를 하고 있는 건 아닐까? 그렇다면 열혈샘님은 목회라는 줄타기의 새로운 경지를 연 셈이다. 흔들거리는 줄 위에 올라서는 것보다 훨씬 안전하고 바르게 목적지에 닿는 비결이 될 수 있기 때문이다. 문제는 마음가짐과 요령이다. 눈앞에 드리운 줄이 낡은 새끼줄이 아니라 질긴 동아줄임을 확신할 수 있는가? 잡고 있던 줄을 놓고 새 줄을 움켜쥐는 타이밍을 어떻게 맞출 것인가?

이제 챔피언의 설명을 들어 볼 차례다.

○ ●

평안하고, 익숙하고, 넉넉해지는 때가
위기 또는 전환기다.
삶의 전환기에는
자신을 벼랑으로 내몰라.
하나님을 전적으로 신뢰하라.
계산하지 마라.

4 라운드

본질에 대한 집착

로드십 목회의 중심을 잡는 축,

벽수가 속한 별천지 모임 식구는 리더 부부를 포함해서 9명
이다.

수지 씨와 혜리 씨는 초등학교 선생님이고, 고맘때 여느 아
가씨들처럼 결혼이 최대 관심사다. 동원 씨는 레지던트 3년 차
로 혜리 씨와 교제 중이다. 일에 치여 살다가 조금씩 정신을 수
습해 가는 중이다. 남길 씨와 보영 씨는 50대 부부로 올해 고3이
되는 딸아이가 열심히 공부해서 무난히 대학에 들어가길 바란
다. 병헌 씨는 마흔 넘은 나이에 법무사 준비에 열을 올리고 있
다. 여린 속을 가졌음에도 불구하고 교회에서 받은 이런저런 상
처로 가시가 돋쳐 있는 상태다. 골드미스 아라 씨는 선교단체에
서 오랫동안 훈련받은 전도와 양육 전문가다. 말씀을 묵상하고

나누는 걸 들어 보면 속이 단단히 여물었다는 느낌이 든다.

벽수가 식구들을 아는 만큼 그이들도 이편이 무얼 해서 먹고 살고, 됨됨이가 어떠하며, 무슨 꿍꿍이를 가졌는지 훤히 안다. 어느 포인트에서 삐치고 어디를 긁어 주면 헤헤거리는지 꿰뚫고 있다. 지난번 모임에서 기도를 부탁하느라 치질로 고생 중이란 사연까지 고백했으니 밑천이란 밑천은 다 드러낸 셈이다.

한데 뭉친 세월은 길지 않지만 가까이 그리고 꾸준히 어울리며 사랑의 빚을 주고받는 사이에 사정과 형편을 속속들이 헤아리게 됐다. 그렇기에 기도는 더 구체적이고, 교제는 더 따뜻하며, 관계는 더 돈독하다.

쓸데없이 기다란 남 얘기에 지루했는가? 하지만 4라운드의 관전 포인트를 설명하자니 사족이 필요했다. 이게 바로 4라운드에서 열혈샘님을 공략할 첨단무기이고 콩알만 한 공동체의 리더가 골리앗만 한 대형교회의 목회자를 몰아붙일 근거니까.

교회 규모가 어떠하든 추구해야 하는 것

속이야 어찌됐든 게임은 선수끼리 장갑 낀 주먹을 살짝 부딪치는 글러브 터치로 시작하는 게 정석이다. 일단 덕담을 건네며 빗장풀이를 시도한다. "선한 말은 꿀 송이 같아서 마음에 달고 뼈에 양약이" 되는 법이라지 않은가? 목회자는 꿀물 발린 얘기를 자주 듣는 자리일 터, 거슬리는 소리에 내성이 약한 상대에게 다짜고짜 비난 섞인 질문을 던지는 건 무례하고 멍청한 짓이다. 하여, 가볍게 툭 던진다.

"3만 명이나 되는 식구들을 어떻게 일일이 다 돌보세요? 정말 대단하시네요."

뼈가 박힌 살점을 이렇게 순 살코기처럼 포장해 내다니 아부도 이쯤이면 예술이다. 하지만 저편도 오랜 세월 축산업 계통(목양)에 종사해 온 전문가답게 살코기를 헤치고 뼈를 발라내는 솜씨가 여간이 아니다. 칼질 몇 번에 속에 든 통뼈가 금방 드러난다. "매머드급 공동체를 탈 없이 이끄는 건 대단한 일입니다만, 덩치가 이렇게 커서야 양들을 알아보기나 하시겠습니까? 이걸 목회라고 할 수 있을까요?"

속내를 알아본 열혈샌님이 대꾸한다. 옆구리에 주먹이 꽂혔는데도 표정에 변화가 없다. 아프지 않은 건지, 쓰리지만 내색을 않는 건지 도통 알 수가 없다.

"교회의 덩치가 커질수록 성경의 가치를 추구하기가 쉽지 않은 게 사실입니다. 대형교회가 어쩔 수 없이 갖게 되는 약점인 셈이죠. 목회자로서도 그만큼 긴장하고 부작용에 신경을 곤두세워야죠."

클린치다. 맹렬한 공격을 받아 형세가 불리하다 싶을 때, 뒤로 도망치는 대신 상대를 끌어안아 공세를 무력화시키는 작전이다. 이렇게 와락 끌어안고 나오면 다음 공격을 이어 가기가 애매하다. 게다가 그냥 껴안고 버티는 게 아니라 드문드문 주먹을 뻗어 뒤통수를 때려대니 누가 누굴 공격하고 있는 건지 헷갈릴 만큼 고역스럽다.

"그렇다고 해서 인위적으로 대형화를 막을 수 있느냐 하면 그것도 아닙니다. 대도시를 배경으로 세워진 공동체라면 더더구나 그렇습니다. 이만한 면적에는 300명 정도의 교회만 존재하게 하자는 식의 획일적인 규제가 어떻게 가능하겠어요. 그러니 존재를 인정하고 받아들이되 건강성을 높일 방도를 찾는 게 현실적인 대안일 겁니다."

틀린 말은 아닌데 뒷맛이 개운치 않다. 답에 문제가 있어서가 아니라 마음먹고 덤벼들었다가 빈손으로 물러나기가 아쉬운 까닭이다. 억울하기 그지없는 도전자의 표정을 간파한 챔피언이 이내 역공에 나선다.

"대형교회 목회를 옳고 그름, 성공과 실패로 가르는 건 세상적인 관점입니다. 작다고 다 건강한 게 아닌 것처럼 크다고 해서 무조건 문제가 있는 건 아닙니다. 작아도 수많은 문제를 가질 수 있고 커도 건강할 수 있습니다. 클수록 세속화되고 건강성을 잃어버릴 확률이 높아지는 건 사실이지만 오로지 크기만 가지고 건전성을 재단하는 태도는 바람직하지 않다는 뜻입니다. 숫자를 가지고 교회를 말하는 것 자체가 세속주의의 영향입니다."

어라? 반격의 강도가 예상보다 약하다. "나도 약점이 많지만 너라고 완전한 건 아니잖아?"는 사춘기 여학생들 입씨름에나 어울릴 법한 논리가 아니던가. 모처럼 챔피언을 구석으로 몰아갈 수 있겠다는 자신감이 든다. 자꾸 치켜 올라가는 입꼬리를 억지로 끌어내리며 최대한 간결하게 왼손 스트레이트를 뻗는다.

"대형이든 소형이든 저마다 가진 한계 속에서 최대한 성경적인 가치를 추구해야 한다는 말씀이군요. 하지만 어디서부터 실마리를 풀어 가야 할지 막막하게만 들립니다."

강타를 맞고 큰 대자로 누울 챔피언의 고통을 십분 감안해서 "어디, 대답 좀 해보시죠!"라는 깐족거림은 입속으로 집어삼켰다.

변화의 시발점은 목회자, 열쇠는 교회론

"당연히 목회자죠."

또다시 클린치다. 입만 뻥긋하면 목회자 타령이다. 깔때기도 이런 깔때기가 없다. 지긋지긋하다. 무슨 '목회자 수렴의 법칙' 같은 걸 믿는 게 아닌가 싶다. 성경적인 가치를 추구할 것인가의 여부는 목회자의 결단에 달렸으며, 교회의 크기와 상관없이 지도자가 가진 철학이 건전성을 좌우하는 지렛대란 주장이다.

"교회에 얽힌 문제는 무엇이든 목회자에서부터 풀기 시작해야 합니다. 어떤 교회론을 가지고 있느냐가 중요합니다. 교회를 어떻게 바라보고 어디서 그 근거를 찾느냐가 핵심이란 얘기죠. 세속주의에 물든, 다시 말해 세상 문화를 바닥에 깔고 있는 교회론을 가졌다면 건강한 공동체를 꾸릴 방도가 없습니다. 안타깝게도 한국교회에는 성장주의와 맞물린 교회론을 가진 목회자가 적지 않습니다. 위험천만한 일입니다. 하나님나라라는 틀 안에서 교회의 개념을 이해해야 합니다. 하나님나라 안에 교회가 있습니다. 교회만을 강조하고 하나님나라를 무시하면 안 됩니다."

챔피언이 숨을 고른다. 거기에 리듬을 맞춰 줄 도전자는 없다. 죽이든 밥이든 내친김에 끝을 보지 않으면 흐름은 언제라도 바뀔 수 있는 게 복싱이다. 상대가 자꾸 끌어안기 작전을 구사한다면 이편에서도 한층 자극적인 전술을 구사할 수밖에 없다. 속을 박박 긁어서 평정심을 잃게 하는 데는 인신공격만 한 게 없다. 변칙과 반칙 사이에 자리하는 수법으로서 복싱으로 말하자면 머리, 어깨, 팔꿈치로 들이박아 상처를 입히는 버팅(butting)에 해당한다.

그렇게 죽자고 덤비는데도 챔피언에게 아직 여유가 엿보인다.

"시드니에서 돌보던 공동체도 이민교회 중에는 대형교회였지만 덩치를 키우고 싶어서 키운 게 아닙니다. 여태 목회를 해왔지만 단 한 번도 숫자를 말해 본 적이 없습니다. 몇 명이 출석하는 교회를 만들겠다는 야심도 없었고요. 목표는 늘 건강하고 행복한 교회를 세우는 데 있었습니다. 열심히 챙기다 보니 사람들이 모이고 몸집이 커져 대형교회를 이뤘을 뿐입니다. 교회가 커질수록 주님이 가르쳐 주신 모습을 지키려 안간힘을 썼습니다. 제발 부탁인데, 숫자에 집착하지 마십시오. 교회는 다양한 형태, 다양한 규모로 존재할 수 있고 어떤 모습으로도 생명력을 지닐 수 있습니다. 사람이 제각기 다르듯, 그리스도의 몸도 다양한 게 정상입니다. 이단만 아니라면 무엇이든 다 가능합니다."

쓰러질 듯, 넘어질 듯, 넘어가지 않는다. 허리를 굽혀 초점을 흔드는 더킹과 윗몸을 좌우로 흔들어 혼란을 주는 위빙을 자유자재로 구사하며 예봉을 피해 간다. 때리다 지친다더니, 딱 그 꼴이다. 가쁜 숨 한 번 몰아쉬지 않고 차분하게 대답을 쏟아 내는 게 더 약이 오른다. 말꼬리라도 잡고 늘어지지 않으면 제 풀에 쓰러질 판이다. 목회자의 철학이 중요하다고 거푸 말하는데, 어쩐지 착 와 감기는 맛이 없이 모호하게만 느껴진다며 강짜를 부렸다. 이번에도 샌님의 설명은 간결하고 강렬하다.

"풀어 가는 방식은 다를 수 있어도 원리는 하나뿐입니다. 그리스도를 왕이요 주님으로 인정하고 철저하게 복종하는, 한마디로 로드십(Lordship)이 살아 있는 교회를 만들어야 한다는 겁니다. 온 교회가 성경이 말하는 '그리스도의 충만하심의 경지'에 이르게 하려면 철저하게 신권이 서야 합니다. 주님과 그분의 권세 앞에 모두가 납작 엎드리는 분위기가 형성되어야죠. 그걸 만들어 내는 게 바로 목회자의 책임입니다. 그런 문화, 그런 기류, 그런 트렌드, 그런 흐름을 빚어내야 합니다."

로드십이라고? 외계어를 들은 듯 낯설다. 가슴 깊은 곳에서 스멀스멀 아련함이 올라온다. 사멸되다시피 한 개념을 핵심가치로 들고 나오다니 한국교회의 실정을 몰라도 너무 모르는 게 아닌가 싶다. 말로는 '하나님의 뜻'이라 외치지만 실제로 목회자가, 당회가, 장로가, 다수결이 왕으로 군림하는 교회가 많지 않은가.

샌님이 죽고 못 사는 목회자 수렴의 법칙을 적용해도 "교회의 주권은 목회자에게 있으며 모든 권력은 그에게서 나온다"는 결론이 나오는 판에 로드십은 무엇이고 신권은 또 무어란 말인가. 이편의 속이 끓든 말든, 열혈샘님은 꿋꿋하다.

"마태복음 17장에서 '내가 내 교회를' 세우겠다고 하셨습니다. 주님의 교회라는 겁니다. 강단부터 바뀌어야 합니다. 선포되는 메시지마다 텍스트 중심이 되어야 합니다. 텍스트를 무시한 설교를 하려고 할 때부터 목회자는 자기중심적으로 흐르고 교회는 곁길로 빠지게 됩니다. 말씀이 자신에게 선포되지 않는 설교는 위험합니다. 그러므로 성경이 말하는 바를 말하는 게 목회 사역의 뼈대가 되어야 합니다. 개인적으로는 교육전도사 시절부터 지금까지, 목회 환경은 판이하게 달라졌지만 그 원칙에는 변함이 없습니다. 시드니에서 교회를 개척하면서 에베소서를 강해한 까닭도 거기에 있습니다."

목회 철학의 핵심은 로드십

로-드-십! 한 마디 한 마디 끊어 가며 강조하는 특유의 화법이 다시 등장했다. 가장 빛나는 대목에서 딛고 있던 발판을 밀어내고 자유낙하를 선택해 온 이력의 뿌리를 본 느낌이다. 로드십은 불탄 새끼줄과 새로 꼰 동아줄을 분간하는 기준이자 놓아야 할 시점과 잡아야 할 타이밍을 판단하는 지침이기도 했다.

지난번에 만난 부교역자도 비슷한 얘기를 했었다.

"저희들이 공통적으로 동의하는 대목이 있는데, 끊임없이 본질에 대한 요구를 받는다는 점입니다. 담임목사님은 본질을 놓치지 말라고 주문하고, 구체적인 원칙을 제시할 뿐만 아니라, 직접 삶의 태도로 보여 줍니다. 방향을 제시하고 함께 가자고 이끄는 거죠. 그분의 리더십은 거기서 나온다고 봅니다."

'샘빠'(열혈샘님을 무한정 흠모하는 열성팬)의 용비어천가쯤으로 여겼는데, 사실과 크게 동떨어졌을 가능성이 있다기보다 그렇지 않을 가능성이 전혀 없지 않나 하는 생각이 적지 않게 든다.

무슨 말이 그렇게 골뱅이처럼 배배 꼬였느냐고?

괘념치 마시라. 인정하기 싫은 걸 억지로 인정할 때 쓰는 벽수의 화법이니.

영웅주의의 종말

조연은 뒤로,
주인공이 돋보이게

시합 중이기는 했지만 밥 한 그릇 대접하고 싶었다. 이미 맛있는 점심을 수없이 공짜로 얻어먹었으니 소박한 한 끼 정도는 답례 축에도 끼지 못할 터였다. 시원찮은 복서의 도전을 흔쾌히 받아들여 진지하게 상대해 준 것만으로도 감사의 이유는 충분했다.

식사는 유쾌했다. 음식도 맛있지만 샌님의 그답지 않은 반응이 더 흥겹다. 메뉴 하나가 나올 때마다 재료와 조리법에 관심을 보이고 즐거워했다. 팝콘과 아이스크림을 버무려 소금에 찍어 먹는 디저트에는 어린아이처럼 환호했다.

"와, 이건 못 보던 걸세!"

이 순간만큼은 매사에 단정하고 반듯한 목회자도, 대형교회 담임목회자도, 챔피언도, 열혈샘님도 다 사라지고 나이 차가 제법 나는 큰형님과 마주한 느낌이다. 목회자의 맨얼굴, 화장하지 않은 민낯과 마주하는 게 행복하다. 격이 떨어지고 만만해 보인다는 얘기가 아니다. 마음이 열리고, 진심이 느껴지고, 편안히 속을 열어도 괜찮을 것 같다는 뜻이다.

이런 상황에서 글러브 낀 주먹을 탁탁 맞부딪쳐 가며 전의를 다지는 건 우스운 일이다. 이번 라운드는 공격을 삼가기로 한다. 어차피 KO로 끝장 볼 게임이 아니라면 한숨 돌리며 그동안 소모해 버린 기운을 회복하는 것도 나쁘지 않다.

질문은 가볍게, 진부하리만치 통상적인 주제를 골라 던진다.

"목사님은 목회의 모델이 될 만한 성경 인물로 누굴 꼽으세요?"

포크를 디저트 접시에 걸쳐 놓으며 챔피언이 대답한다.

"목회자의 표본으로 세례 요한만 한 인물이 또 있을까요?"

목회자의 사표, 세례 요한

흠, 이쯤 되면 휴전을 깨자는 통지문이나 다름없다. 광야에서 노숙생활을 하며 독특한 식습관과 패션 감각을 자랑하던 그 세례 요한? 메시아의 등장을 선언하고 무대 뒤로 사라진 그 세례 요한? 중국 무협영화에서라면 주인공이 상을 뒤엎으며 칼을 꺼내들고도 남을 만한 대목이지만, 현실 세계의 벽수는 얌전하게 묻는다.

"왜요?"

챔피언은 이유를 묻는 이편이 이상하다는 투로 대답한다.

"세례 요한은 광야에서 외치는 소리로만 존재했잖아요. 분명하게 하나님의 음성을 대변하는 소리가 되는 걸로 존재의 의미를 삼았어요. 자신을 과시하거나 드러내는 일 따위에는 관심을 두지 않았고요. 본래 광야는 사람이 꼬이는 장소가 아니지만 그를 통해 전해지는 거룩한 음성을 들으러 군중이 몰려 나왔어요. 세례 요한은 그이들에게 분명하게 말했어요. '그는 흥하여야 하겠고 나는 쇠하여야 하리라!' 요즘 말로 하자면 '나는 들러리다!'라고 외친 거죠. 이만하면 우리 시대 목회자가 좇아야 할 영성 샘플로는 기가 막히지 않나요?"

귀에 들어오지도, 마음에 박히지도 않는다. 논리적으로 구멍이 숭숭 뚫렸다고나 할까? 목회라는 게 본시 숨어서 하는 일이 아니다. 지도자는 언제 어디서나 앞장을 서는 인물이다. 불가피하게 몸을 숨긴다고 해도 무리의 중심을 차지하고 의사 결정 구조의 정점에 서는 위치만큼은 변함이 없다. 그런데 실체를 감춘 채 소리로만 존재했던 인물을 기가 막힌 샘플로 내세우다니, 터무니없는 강변이다. 같은 말에 다른 의미를 담아 다시 묻는다.

"왜요?"

샌님은 샌님대로 속이 답답한지 손가락으로 식탁을 톡톡 두들겨 가며 설명을 덧붙인다.

"목회의 핵심은 복음이고 십자가예요. 끊임없이 내려놓고 또 내려놓는 자기부인이란 말씀이죠. 힘을 빼는 것, 그게 십자가라고요. 예수님이 겟세마네 동산에서 드렸던 기도가 그래서 중요하죠. 자기를 부인하는 과정이었으니까요. 거기서 딱 결론을 내시곤 뒤도 돌아보지 않고 십자가의 길을 가셨거든요. 십자가에 달리신 건 상징적인 마무리이고 싸움은 겟세마네에서 이미 끝내셨다 해도 지나치지 않아요. 목회도 마찬가지죠. 겟세마네가 필수적이에요. 자기를 해체하고 부인하는 싸움을 치열하게 해나가야 한다고요. 목회를 자아실현 또는 자기 극대화의 통로로 여기면 마땅히 드러나야 할 복음과 십자가가 실종될 수밖에 없어요."

아, 이제 알아들었다. 고상한 강단언어가 아니라 투박한 시장언어로 적자면, 주인공은 따로 있으니 목회자는 뒤로 썩 물러나 주연을 돋보이게 하는 데 전념하라는 이야기일 성싶다. 무대 중앙에 머무르고 싶은 욕심에 미적거리다간 주인공을 보러 온 관객들한테 민폐가 될 테니 조심하란 경고다. 똑같은 맥락에서 여성 신학자 마르바 던은 목회자들에게 묻는다.

목회자들이 진정한 자아를 분명히 드러낼 수 있다면 목회사역은 훨씬 수월해질 것이다. 그렇게 솔직하고 정직한 자만이 진정한 성장과 안정을 맛볼 수 있다. … 그럴듯한 겉모습을 내세우고 싶어 하는 이유를 곰곰이 생각해 보기 바란다. 자신의 실체와 다른 모습으로 가장하려 하지는 않는가? '사역'을 위해 그런 행동을 하지는 않는가?(《껍데기 목회자는 가라》, 유진 피터슨·마르바 던, 좋은씨앗, 48쪽)

영웅들이 주름잡던 시대는 갔다

열혈샘님의 지적이 백번 옳다고 치더라도 현실과 거리가 너무 멀다는 느낌이 드는 건 어쩔 수가 없다. 연합예배니 선교대회니 하는 대형집회가 열릴 때마다, 수많은 감투가 설정되고 그걸 뒤집어쓰고 싶어 안달하는 목회자가 어디 한둘이던가? 교단의 윗자리를 차지할 욕심에 돈 풀어 표를 산 어른들이 어디 한둘이던가? 먼 나라 희한한 신학교에서 학위를 '직구'해다가 목사 직함에 덧댄다는 소문이 괜히 돌아다니겠는가? 이런 판국에 누가 세례 요한이 되려고 신학을 공부하겠는가? 가죽점퍼 차림으로 꿀에다 메뚜기를 찍어 먹으며 존재감도 없이 하나님의 마이크 구실이나 하다가 사라지는 쪽보다 근사한 건물에서 숱한 백성들을 앞에 두고 제 목소리를 내는 편에 매력을 느끼는 게 인지상정 아닌가!

열혈샘님도 애써 부정하지 않는다.

"자신을 드러내고 과시하려는 건 인간의 본질적인 욕망에 속합니다. 신학교 문을 두드리는 목회자 지망생 가운데는 그런 욕구를 실현하고 싶어 하는 이들도 있을 거라 봅니다. 아니, 분명히 있습니다. 대형교회는 의도하지 않게 부정적인 메시지를 줄 수 있습니다. '저렇게 성공하고 싶다'는 욕구를 은연중에 심어준다는 뜻입니다. 하지만 대형교회 목회자로서 자신 있게 말씀드리지만 영웅주의 시대는 갔습니다. 힘을 좇으면 죽습니다. 인간에게는 힘을 다룰 능력이 없기 때문입니다. 힘이 없어서 죽는 게 아니라 힘을 가져서 망하는 겁니다. 그러므로 목회를 하는 한, 제 이름을 내려는 마음과 일평생 싸워야 합니다. 그건 사역자로서 자존심을 걸고 하는 싸움입니다. 시스템이나 제도가 필요합니다. 스스로 울타리를 짓고 그 안으로 들어가야 자기를 보호하기가 수월해집니다."

같은 말도 누가 하느냐에 따라 고개가 끄덕거려지기도 하고 갸우뚱 모로 꺾이기도 한다. 대형교회 목회자의 '영웅주의 시대 종식' 선언은 자칫 독과점의 의혹을 불러일으킬 수 있다. "내가 다 해봤는데 좋을 거 하나도 없어"라며 손사래를 치는 꼴이니 올바른 주장도 신뢰도가 뚝 떨어진다. 벽수는 바로 그 지점에 송곳처럼 날카로운 잽을 콕 찔러 넣는다. "아주 작은 교회에서 허덕허덕 목회하는 처지였더라도 똑같은 말씀을 하셨을까요?"

"시드니에서 교회를 개척해 키워 본 경험을 토대로 말씀드리자면, 규모가 크든 작든 만족감에는 터럭만큼도 차이가 없더군요. 오히려 작을 때가 더 좋았어요. 목회자로서 목양의 기쁨을 한껏 맛볼 수 있었거든요. 식구들과 일일이 눈을 맞추고 삶을 나눌 수 있었으니까요. 인원이 늘어나면 그럴 수가 없잖아요. 그러니 재미는 점점 줄어드는 셈이죠. 지금도 물러나서 개척을 하라고 하면 얼마든지 그럴 마음이 있어요. 그게 얼마나 행복한데요. 결국 자기 존재감을 무엇으로 드러내려고 하느냐의 싸움이라고 봅니다. 목회자로서 목자의 역할에 관심을 두고 거기서 존재감을 찾는 목회자는 대형교회 담임목회자를 만나도 주눅들 일이 없을 거예요. 스스로 만족하고 있을 테니까요. 수가 많은 게 뭐 그리 대단하겠어요. 하나님이 필요하다고 판단해서 보내 주셨으니 감사할 따름이지만 그 자체가 목적이 될 수는 없어요."

완벽주의를 물리치는 들러리의 영성

샌님은 이런 이야기를 들려주었다. 어느 가이드가 미술관으로 관광객들을 이끌고 모나리자 그림 앞으로 갔다. 그리곤 열과 성을 다해 설명을 이어 갔다. 전문가 뺨치는 지식과 정보를 귀에 쏙쏙 집어넣을 줄 아는 달변가였다. 그런데 손님들의 반응이 영신통치 않았다. 급기야 누군가 소리쳤다. "아, 좀 비키세요. 그림 가리지 말고!"

자기열심, 자기도취에 사로잡혀 정작 관람객들에게 보여 주어야 할 그림을 가로막고 있었던 것이다.

"인간은 본래 하나님을 섬기기보다 스스로 하나님이 되는 걸 더 좋아하는 존재예요. 목회자도 다를 게 없어요. 늘 하나님이 되려 하죠. 큰 교회를 이루고, 성공했다는 평가를 받고… 여기서 자기를 실현하려는 욕구가 나오죠. 그래서 '그는 흥하여야 하겠고 나는 쇠하여야 하리라!'는 영성이 필요합니다. 바로 세례 요한의 영성, 들러리의 영성이죠."

봉사자의 열심을 추켜세우지 않는 것도 같은 맥락이다. 열혈 샌님은 그야말로 물불 가리지 않고 최선을 다하는 봉사자에게 도 칭찬을 남발하지 않는다. 다만 그 열심의 뿌리가 어디에 있는지 확인시켜 줄 뿐이다. 섬김이 귀하게 보인다고 박수를 쳐 주면 자기 의 또는 공로주의에 빠지기 쉽기 때문이다. 목회자는 목회자대로 잘한다 잘한다 강화해 가며 양들을 조작하려는 불순한 의도를 갖기 쉽다. 이는 몇 마디 격려로도 얼마든지 가능한 일이지만 일단 그런 흐름이 생기면 영혼이 망가지는 건 시간문제다.

그렇다면 어떻게 해야 할 것인가?

열혈샌님은 완벽주의를 피해야 한다고 충고한다.

"한국교회는 완벽주의를 요구하고 목회자도 그 기대에 부응하려 안간힘을 씁니다. 실제로 한국교회 목회자들 사이에는 제 힘으로 뭐든지 다 해낼 수 있는 것처럼 구는 영웅주의적인 분위기가 있습니다. 하지만 목회자는 스스로 실수투성이이고, 문제가 많으며, 연약하다는 기본 전제를 깔아 두고 사역을 시작해야 합니다. 완벽해서 부르신 게 아니라 은혜로 일을 맡기셨다는 점을 잊어선 안 됩니다. 30년 넘게 신앙생활 한 크리스천이든, 갓 신앙을 가진 초짜든, 심지어 목회자라도 죄다 은혜의 줄에 대롱대롱 매달려 있을 따름입니다. 주님의 자비가 끊어지면 만사가 끝입니다. 그러므로 목회자는 무슨 일이든 하나님과의 관계에서 해법을 찾아야 합니다. 소영웅주의에 빠질 게 아니라, 필요하

면 성도들에게 기꺼이 안수기도를 받을 수 있다는 겸허한 마음
가짐이 필요합니다."

정직하고 진지하게 스스로를 돌아보라

열혈샌님은 완벽주의의 함정에서 벗어나 바울의 태도를 본
받으라고 요구한다. 어마어마한 역사를 이루고 온 교회의 존경
을 한 몸에 받고 있는 사도가 "남에게 전파한 후에 자신이 도리
어 버림을 당할까 두려워함이로다"라고 고백하는 모습이나 홀
로 남겨진 걸 아쉬워하고 낙심하는 면모가 얼마나 솔직하고, 정
직하며, 진지하냐는 것이다. 그걸 어색하게 여기는 건 체면을 세
우고 겉을 포장하는 데 더 신경을 쓰는 공맹사상 탓이 아니냐고
다그친다. 그리고 그 책임 또한 목회자에게 있다고 지적한다.

"목회자는 화장실도 안 가는 완벽한 존재인 것처럼 회중들이
착각하는 부분이 있지만, 목회자 역시 그런 이미지를 적극적으

로 깨뜨리려 하지 않고 가면을 쓴 채 살았던 게 사실이에요. 새로운 형태의 바리새주의인 셈이죠. 목회자와 사기꾼 사이에는 경계선이 뚜렷하지 않아요. 언제든지 서로 넘나들 수 있다는 얘기죠. 가면과 갑옷을 벗으면 정말 위험해질까요? 그렇지 않습니다. 스스로 깨어지는 게 가장 안전한 삶입니다. 자신을 십자가의 복음을 설명하는 가장 좋은 교재로 삼아야 합니다."

챔피언한테 가슴을 난타당한 후유증일까? 마음이 말랑말랑해지면서 꼭꼭 담아 두었던 꿈 하나가 고개를 쳐든다. 복권당첨이냐고? 누굴 애로 아시나! 크리스천 벽수의 케케묵은 소원은 따로 있다.

목회자의 입에서 진심으로 "미안합니다, 잘못했습니다"란 소리를 들어 보는 게 전부다. 눈앞에 닥친 파국을 모면하기 위해 벌이는 퍼포먼스 말고, 가슴에서 우러나오는 고백 말이다. 목회자에게 굴욕감을 안기거나 우월감을 맛보려는 뜻이 아니라 그 앞에서 더 깊이 머리를 숙일 힘을 얻고 싶어서다.

하지만 꿈을 꿀 뿐, 기대는 없다. "죄송합니다, 내 탓입니다,

용서해 주세요" 같은 문장을 구성하거나 발음하지 못하는 건 평
생 누군가를 가르치기만 해온 이들에게서 흔히 나타나는 직업
병이니 어쩌겠는가! 아둔하기로 둘째가라면 서러운 벽수도 그
쯤은 안다.

목회에는 겟세마네가 필수적이다.
자기를 해체하고 부인하는 싸움을
치열하게 해나가야 한다.
목회를 자아실현 또는 자기 극대화의
통로로 여기면
마땅히 드러나야 할 복음과 십자가가
실종될 수밖에 없다.

02

변화는
본질에서 나온다

대형교회는 얼마든지 과감한 시도가 가능합니다. 하지만 규모가 작은 교회, 특히 목회자 혼자 북 치고 장구 쳐 가며 고군분투하는 개척교회는 사정이 다릅니다. 과연 그이들도 말씀만 붙들고 거기서 승부를 내라고 요구할 수 있을까요?

6 라운드

프로그램은 마스터키?

예배가
정답이다

한 곳에 적응하지 못하고 이 학교 저 학교 입학과 자퇴를 되풀이하던 때가 있었다. 바른 교육, 참 교육 같은 말만 들어도 가슴이 뛰던 젊은 시절이라 그걸 구현해 줄 교육기관을 찾아다녔다. 드디어 맞춤한 곳을 찾아냈다. 뜻이 맞으니 열심은 저절로 따라왔다. 훈련을 마치고 반장 완장까지 꿰찼다.

학교교육과 현장학습을 병행하는 미션스쿨이어서 커리큘럼이 독특했다. 월요일부터 금요일까지는 현장실습 위주의 수업을 받는다. 토요일에는 학교에 가지 않는 대신, 반장 집에 모여 학급회의를 연다. 현장에서 부딪힌 어려움을 나누고 서로 격려하며 토론하는 모임이다. 저녁에 시작하면 보통 밤 10시를 훌쩍 넘겨 끝난다.

특수학교라서 일요일에도 등교를 해야 한다. 특히 반장들은 8시까지 따로 모여 리더 모임을 가진다. 학교에서 멀리 떨어진 동네에 사는 터라 새벽부터 서둘러야 시간을 맞출 수 있다. 정신 재무장을 위한 자리라고는 해도 공지사항을 주고받는 시간이 태반을 차지한다. 인터넷이나 SNS로 알려 줘도 될 법하지만 교장이 워낙 중요하게 생각해서 웬만해선 빠질 엄두를 내지 못한다. 담임교사는 출석 여부를 조사하고 무단결석을 되풀이하는 학생들에게는 경고를 보낸다. 학생주임과 교장 면담은 기본이다. 학교의 교육철학에 완전히 동화되지 못했다는 질책을 받고 사유를 해명해야 한다.

11시부터는 학생채플이다. 아침 일찍 서둘러 나오느라 밥도 제대로 챙겨 먹지 못해서 졸리고 배고프다. 교장의 훈화는 길고 지루하다. 신입생들은 귀를 쫑긋 세우지만 이미 귀에 못이 박인 상급생들은 지겨워 몸살을 한다. 하지만 그게 전부가 아니다. 방과후수업도 있고 봉사활동도 있다. 그걸 다 따라가자니 가랑이에 불이 날 지경이다.

어떠한가? 학교생활이 즐겁고 반장 노릇이 보람차겠는가?

애 잡겠다고?

이건 학교 이야기가 아니다. 교회의 풍경을 그렇게 빗댔을 따름이다. 반장에는 리더, 교장에는 담임목회자, 담임에는 부교역자, 수업에는 모임, 학급회의에는 구역예배를 대입하면 교회와 딱 맞아떨어지는 그림이 나온다. 프로그램이 차고 넘치는 건 어디나 마찬가지지만 제법 탄탄하고 의식과 열성이 있다는 교회일수록, 공부깨나 한 목회자일수록 더 심한 경향이 있다. 가지치고 정리를 좀 하면 절반쯤은 줄일 수 있겠건만 칸칸이, 층층이 나뉜 프로그램을 짜놓고 다 거치지 않으면 2등 교인 취급을 일삼는다.

이런 프로그램이라면 예수님이라도 혀를 내두르시며 버거워하실지 모른다.

자, 이제 링에 올라갈 시간이다.

의도와 철학은 이기와 흉기가 나뉘는 분기점

뺨은 어제 종로에서 맞았지만 눈은 오늘 열혈샌님에게 흘긴다. "왜들 그렇게 프로그램에 매달리는 거죠? 목회자용 성경에는 '프로그램이 너희를 자유하게 하리라'든지 '코스나 과정 외에 다른 것으로는 이런 유가 나갈 수 없느니라'고 적혀 있기라도 한 건가요?"

뜻밖의 공격에 챔피언도 놀랐는지 사이드스텝을 밟으며 딴청을 부린다.

"아무래도 철학이 문제겠지요."

동문서답의 전형이다. 옆구리를 노린 '비아냥거리기' 펀치에 당황한 걸까? 초반에 날린 잔주먹들이 효과를 보는 걸까? 중반에 들어서면서 챔피언의 집중력이 떨어지는 것처럼 보인다. 그렇지 않고서야 프로그램 얘길 하는데 철학의 중요성을 들고 나올 리가 있겠는가? 조금 더 참고 들으며 사태를 파악해 보기로 한다. 운이 좋으면 여기서 승부를 낼 수도 있겠다.

　"식구들의 요구가 많고 필요가 다양해져서 어느 정도 프로그램이 필요한 건 사실이에요. 규모가 큰 교회라면 더더구나 그렇죠. 그러니까 프로그램 자체를 두고 좋으니 나쁘니 하기 전에 그걸 움직이는 목회자의 철학을 짚어 보는 게 우선입니다. 똑같은 칼도 쓰는 이의 의도에 따라 스테이크를 썰 수도 있고 누군가를 다치게 만들 수도 있잖아요? 단순히 교세를 불리는 방편인지 아니면 성도들의 영혼을 변화시키는 전략인지에 따라 의미와 결과가 크게 달라집니다. 그릇된 철학이 바닥에 깔리거나 가미되면 성도들을 몰아쳐서 교회를 키우기 위한 수단이 되고 맙니다.

　그러므로 프로그램을 도입하기 전에, '식구들이 그리스도의 사람으로 온전하게 성장하는 데 쓰일 것인가?'를 기준으로 목회 철학의 순도를 검증해 보아야 합니다. 삶의 모든 영역에서 균형을 잡아 주는 프로그램이란 결론이 나면 도입을 망설일 이유가 없습니다."

물타기 작전이다. 철학, 본질, 이유 같은 어휘를 끌어다가 붙이는 방어전술에 더 이상 휘말릴 수는 없다. 명분이야 붙이기 나름이고 이만저만해서 이러저러한 프로그램이 긴요하다는 얘기는 얼마든지 지어 낼 수 있는 법이 아니던가. 결국, 가치는 열매를 보고 판단할 수밖에 없다. 그렇다면 열혈샘님은 교회 안에 프로그램이 차고 넘치는 현실을 어떻게 보고 있는 걸까? 두루뭉술한 원칙론이 아니라 거기에 비춰 내린 정확한 진단과 대안을 듣고 싶었다.

"그동안은 관행적으로 교회 성장을 위한 방편으로 프로그램을 사용해 왔습니다. 목회철학이 뒷받침되지 않은 프로그램을 위한 프로그램이었던 셈이죠. 그러니 이걸 쓰다가 효과가 없다 싶으면 다른 걸로 바꾸길 되풀이할 수밖에요. 한국교회가 성장하는 데 보탬이 되기는커녕 도리어 지장을 주는 형국이 된 거죠. 프로그램을 따라가느라 바쁘긴 한데 열매는 빈약하기 일쑤니 목회자는 힘이 빠지고 식구들은 지치지 않겠어요? 나중에는 담임목회자가 무슨 세미나에 참석하러 간다는 광고만 들어도 경기를 할 지경이 돼요. '또 새로운 프로그램이 생기겠구나' 하고요. 일종의 피로증후군에 시달리는 거죠."

거부하면 그만이지 무슨 걱정이냐고? 속 모르는 말씀! 코스나 과정을 직분과 연관시켜 마치지 않으면 일을 맡기지 않는 교회들도 적지 않다. 벽수의 신앙이력서에 올라가 있는 집사, 구역장 같은 감투의 이면에는 지도자 훈련 코스와 델타 코스 등의 빛나는 졸업장들이 도사리고 있다. 집사나 구역장이 무슨 감투라고 거기에 연연하느냐고? 그건 소수자의 아픔을 무시하는 언사다. 남들이 다 하는데 혼자 안 하고 버티기가 쉬운 줄 아는가? 2등 교인 취급하는 듯한 시선을 견디는 게 만만한 일인 줄 아는가? 열혈샘님은 바로 거기가 철학이 결여된 프로그램의 폐해가 선명하게 드러나는 지점이라고 지적한다.

"마치 프로그램을 마치기만 하면 신앙적으로나 인격적으로 한 단계 더 성숙한 크리스천이 될 수 있다는 착각을 심어 줄 우려가 있습니다. 변화 여부와 상관없이 과정을 이수한 것만으로

127

자기만족을 삼게 만드는 겁니다. 그러므로 프로그램을 도입하고 적용하는 데 신중해야 합니다. 줄이고 단순화시켜야 합니다."

참다운 예배의 회복이 대안이다

선택과 집중. 세상에선 이미 금쪽같은 생존 원리로 자리 잡은 이 두 가지가 유독 교회의 프로그램 영역에서만큼은 통하지 않는 이유는 무얼까? 백화점 식으로 늘어놓고 무엇이든 하나만 걸리길 바라는 대박심리? 어떻게 해서든 덩치를 키우고 세를 불리고 싶은 출세 욕구? 아니면 편식이 심하고 입맛이 까다로운 자식을 위해 120첩 반상을 차리는 부모의 마음? 무엇이 됐든 원칙(샌님의 표현을 빌리자면 철학) 없이 도입하는 프로그램은 어느 모로도 득이 되지 않는다는 사실만은 두말할 필요가 없다. 그렇다면 대안은 무엇일까? 챔피언에게 칼을 쥐어 준다면 어떤 프로그램을 남기고 또 무엇을 잘라 내려 할까? 본질을 중요시하는 성향으로 미뤄 볼 때, 성경을 연구하는 과정과 기도학교는 남기고 리더십 코스는 폐강하지 않을까?

대답은 지극히 상식적인데 희한하게도 상식 파괴적인 것처럼 들린다.

"예배죠. 예배로 뼈대를 삼아야 합니다. 예배는 프로그램이 아니라 교회의 본질이잖아요. 예배 속에서 하나님의 영광을 찾는 것은 교회가 교회로 존재하는 이유입니다. 동시에 한국교회가 사는 길이고 부흥의 길이기도 합니다. 무엇으로도 대신할 수 없죠. 참다운 크리스천, 진짜배기 제자를 길러 내는 데 프로그램의 목표가 있다면 당연히 예배에서부터 출발해야 할 겁니다. 두 말할 필요가 없는 얘기죠."

물론, 프로그램이 넘치는 교회라고 해서 예배가 없는 건 아니다. 하지만 방법론에 가까운 코스들을 줄줄이 도입하고 강조하다 보면 예배가 위축되는 건 어쩔 수 없는 일이다. 시간과 에너지는 한정적이므로 결국 선택과 집중의 원리가 작용할 수밖에 없다. 그런 차원에서 열혈샘님은 예배를 강조한다. "주일예배

하나만큼이라도 참으로 아름답고 영광스럽게 드린다면 그것으로 충분하다"는 것이다.

"프로그램이 주가 되다 보니 수요예배가 죽고 철야예배가 죽습니다. 한국교회가 전통적으로 가지고 있는 주일예배와 수요예배, 철야기도회와 새벽기도회만 해도 엄청난 자원입니다. 메인 프로그램으로 삼기에 손색이 없습니다. 프로그램 숫자를 줄이고 예배만 살려도 한국교회는 부흥할 수 있습니다. 예배만으로는 왠지 모르게 부족한 것 같아서 이것저것 시도하다가 그나마 가진 것까지 다 잃고 쇠퇴의 길을 걷게 된 건 아닌지 냉정하게 짚어 봐야 합니다. 성장을 추구하는 방법론들에서 눈을 돌려 한국교회가 가지고 있던 소중한 전통들을 바라봐야 합니다."

이쯤에서 도전자가 "고마해라, 마이 묵었따 아이가"를 중얼거리며 뒷걸음질 치리라고 봤다면 챔피언은 상대를 잘못 봤다. 맞을수록 독이 오르는 게 도전자의 특성이다. 예배만으로도 충분하다고 말하려면 적어도 그 예배가 요한복음 4장 23절이 말하는 '영과 진리'라는 품질 기준을 만족시키고 있는지 정도는 따져 봐야 하지 않을까? "대상이신 하나님을 잘 알고, 그분께 부복하고, 높이고, 충성을 다짐하는"(송인규, 《예배》, 12쪽) 의미가 살아 있는지, 그리고 초대와 고백, 성경 읽기, 설교, 결단과 축제의 요소가 골고루 버무려져 있는지 측정해 봐야 하는 게 아닐까? 그래야 예배로 충분하다는 선언에 힘이 실리지 않을까?

열혈샘님은 이번에도 그 열쇠를 목회자의 손에서 찾는다.

"요즘 젊은 크리스천들이 전통적인 예배를 흘러간 틀로 보는 건 공적인 예배가 지나치게 형식화되었기 때문입니다. 내용은 사라지고 껍데기만 남았으니 만족을 얻지 못하는 게 당연하죠. 문제는 전통적인 예배가 아니라 부실한 콘텐츠에 있습니다. 내용을 충실하게 채워 내놓는 건 목회자의 소임이고 그 핵심은 말씀입니다. 스스로 어찌해 보려 하지 말고 길을 보여 주고 격려해 주기만 하면 됩니다. 그럼 말씀이 성령 안에서 사람들을 만들어 갈 것입니다."

공이 울렸다. 6라운드가 이렇게 끝났다.

코너로 돌아와 숨을 돌리는데 코치가 귀에 대고 속삭인다. "완전히 헛다리 짚었어. 챔피언네 공동체는 프로그램이 있지만 많지는 않아. 양육 프로그램도 단순한 편이고. 정신 똑바로 차려! 이제 반밖에 안 남았어!"

가뜩이나 힘들어 죽을 맛인데, 한 라운드를 통째로 버렸다고 생각하니 심술이 난다. 눈길은 주지 않은 채 입으로만 코치에게 묻는다.

"정말? 진짜 프로그램이 아니라 예배 중심이야? 직접 확인해 봤어?"

"맞다고, 인마!"

짜증이 잔뜩 밴 대꾸가 돌아온다.

"내가 직접 들었어. '우리 교회는 비교적 잘되고 있는 편인데 수요기도회가 문제'라고 하더라. 철야기도회에 식구들이 많이 나오니까 상대적으로 수요기도회 쪽엔 참석 인원이 적다는 거지. 그것 말고는 특별한 문제가 없대!"

기가 막힌다.

저러고도 명색이 코치란다. 남의 말을 어떻게 믿는단 말인가? 확인도 해보지 않고. 도마의 정신적 자산을 물려받은 벽수의 검증 욕구가 다시 치솟는다.

철야와 새벽기도의 영성

숨통을 틔우고
영의 근육을 키우는 시간

다소 기괴한 싸움이다. 링 위에는 도전자만 올라왔을 뿐, 챔피언의 몸은 멀리 떨어져 있다. 실상은 없지만 실체는 엄연한 상대와 한판 승부를 벌여야 한다. 무대에 오른 건 예배와 기도, 성령님의 역사에 관해 열혈샌님이 했던 말들뿐이다. 그것들이 공허한 울림인지, 파괴력을 가진 진실인지 확인하는 게 이번 라운드의 핵심이다. 도전자의 주먹에 눈자위가 멍들고 코피가 터질 일은 없겠지만 오래 품었던 생각에 균열이 나는 통증은 상당히 심각할지 모른다. 챔피언의 펀치가 명치가 아니라 해묵은 의심을 짓이기게 될지도 모른다. 결론이 어떻게 나든 흥미로운 한 판이 될 것이다.

승기를 잡으려면 복기를 잘해야 한다.

샌님이 했던 이야기들을 하나하나 떠올리며 정말 그런지 일일이 대조해 볼 작정이다. 의처증에 걸린 남편처럼 현상을 악의적으로 해석하고 과장의 흔적을 찾아야 한다. 뭘 그렇게까지 하느냐고? 잊었는가? 벽수는 도전자이고 지금은 시합 중이다. 목회자의 말과 현실 사이의 거리를 재서 그걸 다시 들이대는 것만큼 우수하고 통쾌한 무기가 어디에 있겠는가? 그러니까 유감스럽게도 오늘은 관찰자로 철야기도회에 참석할 뿐, 기도는 목적이 아니다. 본분을 잊지 말자!

저녁 7시 30분, 예배당에 도착했다.

오늘은 한 달에 한 번 밤을 새워 기도하는 올나이트 기도회 날이다. 보통은 11시 30분에 마치지만 이 날은 새벽 4시까지 기도회가 진행된다. 집회가 시작되려면 한 시간이나 남았지만 입맛대로 자리를 골라잡기 위해 서둘렀다. 2층으로 올라가 가장 구석진 자리, 강대상에서 보자면 왼쪽 모서리에 가 앉는다. 대각선 방향으로 홀 전체가 눈에 들어와서 관찰하기에 맞춤인 반면 의자가 셋뿐이어서 남들 기도하는 데 지장을 줄 염려도 없다.

받아 온 물과 떡으로 허기를 채운다. 아, 말 안 했던가? 로비에서 봉사자들이 생수와 두텁떡을 산더미같이 쌓아놓고 나눠 주고 있었다. 떡은 식구 가운데 누군가가 내놓았지만 생수는 한 달에 한 번 이렇게 제공한다고 했다. 기도하다 목이 타면 마시라 는 배려란다. 뒤집어 보면, 목이 타들어가도록 간구하는 이들이 그만큼 많다는 얘기가 될 수도 있다. 두고 보면 알 터, 일단 실황 중계부터 들어 보시라.

정상적이어서 도리어 비현실적인

예상되는 콘티는 이랬다.

시작 시간이 되면 삼분의 일쯤 자리가 찰 것이다. 찬양인도 자들과 연주 팀이 올라와 시간을 끌며 식구들이 모여들길 기다 리겠지. 이렇게 30분 정도 시간을 때우면 절반가량 좌석이 메워 질 게다. 열에 아홉은 나이 지긋한 노인들일 테고 드문드문 젊은 주부들이 끼어 있을 것이다. 고참급 부교역자가 올라와 메시지 를 전하고 기도회를 인도한 뒤에 각자 기도하다 돌아가라는 광고와 아울러 조명을 낮춰 주는 걸로 마무리할 게다.

가상의 시나리오가 깨지는 데까지는 채 30분이 걸리지 않았다. 시작 시간이 되기 훨씬 전부터 참석자들이 몰려들더니 정시에는 대부분의 자리가 채워졌다. 어르신과 주부들뿐일 거란 것도 착각이었다. 젊은이들과 직장인들도 어렵지 않게 볼 수 있었다. 2층은 전체가 초·중·고등학생 판이다. 기겁을 할 노릇이다. 학교나 학원, 집에 있어야 할 학생들이 예배당으로 몰려왔다. 공부를 하거나 게임을 즐기는 게 더 자연스러운 친구들이 말씀을 듣고 기도를 하러 왔다. 기특하긴 하지만 일반적이지는 않다. 아이들은 교사처럼 보이는 이들과 가볍게 눈인사를 나누고 빈자리로 가 앉는다. 좌석이 꽉 차자 보조의자가 등장한다.

찬양 팀이 올라온다. 물기가 섞인 음성이나 비트가 강한 연주로 감정을 조작하려는 기색은 찾아볼 수 없다. 그이들은 말 그대로 하나님을 노래하고 또 높일 따름이다. 수많은 청중 앞에 섰다는 사실에 지나치게 흥분하거나 고무된 것처럼 보이지도 않았다. 열혈샘님과 함께한 세월이 제법 길어서 숫자에 연연하지 않는 마음가짐이 몸에 밴 것 같다.

메시지가 시작된다. 설교자는 열혈샘님이다. 누가복음 15장, 탕자의 비유를 본문으로 아버지를 연구하지 말고 경험하라는 말씀을 전한다. 현재 시간 10시 15분. 졸아야 할 아이들이 깨어 있다. 친구의 어깨에 머리를 기대고 잠든 아이들이 없는 건 아니지만 대다수는 초집중 모드다. 몇몇은 노트를 꺼내 필기 삼매경에 빠졌다. 하얗던 종이가 금세 새카맣게 채워진다.

기도가 시작된다. 부교역자 몇몇이 차례로 기도를 인도한다. 한국교회가 십자가의 영성을 회복하도록 간구하고 북한 땅의 동포들을 보살펴 주시길 간청한다. 수천 명이 한꺼번에 기도하는 소리가 요란하다. 이런 장면을 마지막으로 본 게 언제인가 싶다. 삼각산에만 가도 곳곳에서 밤을 새워 가며 기도하는 이들이 넘쳐 났던 기억이 새삼스럽다.

눈을 뜨고 주위를 살폈다. 눈을 부비고 다시 보았다. 중·고등학생처럼 보이는 청소년들이 가슴을 부여잡고 기도 중이다. 이건 말이 안 된다. 중간고사를 잘 치르게 도와달라거나 장학금을 받게 해달라는 것도 아니고 교회와 나라와 민족을 위해 드리는 기도가 어떻게 저토록 사무치고 간절하단 말인가! 어려서부터

철저하게 신앙으로 교육받은(또는 세뇌당한) 목사, 선교사 자녀들
이 아니고서는 저럴 수가 없다. 나중에 따로 불러 물어봐야겠다.

퍼뜩 이 시간에 챔피언은 뭘 하고 있는지 궁금했다. 눈을 부
릅뜨고 강단 위를 살폈다. 보이지 않는다. 그럼 그렇지! 오늘 종
일 무슨 컨퍼런스인가를 주관했다고 들었다. 외부에서 수많은
목회자들이 참석하는 행사여서 밤늦게까지 일정이 있다고 했
다. 이제 맡은 일은 다 마무리됐겠다, 굳이 예배당에 남아 있을
이유가 없었다. 피곤한 심신을 추슬러야 내일 새벽예배를 인도
할 수 있지 않겠는가? 아무리 시합 중이라지만 그것까지 걸고넘
어질 맘은 없다. 챔피언이 퇴장한 경기장에 홀로 남는 건 무의미
한 노릇이다. 주섬주섬 짐을 꾸린다.

순간, 강단 위 대형스크린에 찬양 팀을 잡은 화면이 떴다. 그
리고 찬양 인도자 뒤편 구석에 있는 그가 보였다. 손뼉을 치면서
그야말로 열성적으로 찬송을 부르는 모습이었다. 피곤에 찌든
모습이 아니었다. 오히려 솟는 기운을 주체하지 못하는 분위기
였다. 철수의 의지 따위는 어디서도 엿보이지 않았다.

찬양이 끝났다. 개인기도 시간이다. 2층의 아이들이 우수수

일어서더니 한꺼번에 빠져나간다. 애들은 날 끝도 없이 놀라게 만든다. 아까 열심히 설교를 필기하던 친구는 당돌하게도 책가방을 떠넘기면서 여기 계속 있을 거면 맡아 달란다. 행렬의 종착지는 강단 앞이다. 거기 무릎을 꿇고, 서서, 엎드려서 하나님께 부르짖는다. 끝이 없다.

언젠가 비슷한 장면, 비슷한 현장에 있었던 것 같은 기시감이 든다. 맞다. 지난봄에 이 교회에서 보았던 장면이 되풀이되고 있다. 부활절을 앞두고 열린 특별새벽기도회도 그랬다. 새벽 5시, 이른 시간인데도 예배당은 발 디딜 틈이 없을 정도였고, 메시지가 파워풀했고, 기도가 뜨거웠다.

말씀으로 시작해서 말씀으로 끝나는 목회

결국 열혈샘님은 심야와 새벽 강단을 연중무휴로 지켜 내면서 스스로 소중하게 여기는 목회 원리들을 온몸으로 시위하고 있는 셈이다.

그게 비정상이란 얘기는 아니다. 너무나 정상적이어서 도리어 비현실적으로 느껴질 따름이다. 그렇지 않아도 할 일이 태산인 목회자가 늦은 밤과 이른 새벽 시간을 이토록 강조하고 소중히 여기는 까닭은 무엇일까? "힘들지 않으세요?"란 단문으로 긴 답을 요구한다.

"사실 한밤중이나 새벽에 나올 정도면 사모하는 마음이 있는 이들이라고 봐야 합니다. 그이들과 말씀과 기도로 교감한다는 건 담임목회자의 철학을 공유해서 공동체의 일치를 이룬다는 의미를 갖습니다. 영적인 파도가 치는 일이죠. 쓰나미가 휩쓸고 지나가며 잡다한 부스러기들을 날려 버리면 교회에 통일성이 생깁니다. 방향이 분명해지면서 목회자의 리더십 또는 영적인 권위가 확보됩니다. 그러고 나면 복잡할 게 하나도 없습니다. 목회가 단순하고 쉬워집니다. 물론, 말씀을 준비하는 게 만만치는 않지만 그건 목회자라면 당연히 감당해야 할 일입니다. 회중에게 특별한 시간의 헌신을 요구했다면 목회자 쪽에서는 오히려 더 푸짐한 진수성찬을 마련해서 대접하려고 노력해야 합니다."

준비된 심령에 말씀을 쏟아 붓기만 하면 나머지는 신경 쓸 필요가 없어진다고? 목회자는 메시지를 준비하는 데 온 역량을 집중하면 그만이라고? 한국 사회와 교회의 얼개를 너무 간단하게 본 건 아닐까? 영적인 세계와 물질적인 영역을 두루 아우르는 사역의 문을 '말씀'의 키로 단번에 열어젖힐 수 있다고? 궁금증이 아니라 의구심이 몰려온다. 어떻게 그렇게 장담하는가?

"회중이 목매고 기다리는 건 말씀이기 때문입니다. 그게 전부입니다. 인간은 본시 떡으로만이 아니라 말씀으로 살게 되어 있습니다. 그 갈망을 채우러 나왔다가 뜻을 이루지 못하면 서슴없이 떠납니다. 이스라엘 백성이 왜 광야로 몰려갔습니까? 외치는 자의 소리, 곧 말씀을 듣기 위해서였습니다. 프로그램은 일어났다 스러지는 유행일 따름이지만 말씀은 변치 않는 생명이고 능력입니다. 목회자는 마땅히 말씀에만 매달리고 말씀을 전하는 데 전념해야 합니다."

반박이 불가한 원칙론이다. 그런데 똑같은 원칙을 말해도 대형교회 담임목회자의 입에서 나오면 부잣집 도련님의 배부른 소리처럼 들린다. 며칠 굶은 친구에게 쌀이 떨어졌으면 라면이라도 끓여 먹지 그랬냐는 식 아닌가. 대형교회는 기반이 든든한 데다가 힘을 보태 주는 동역자도 여럿 확보되어 있어서 얼마든지 과감한 시도가 가능하다. 하지만 규모가 작은 교회, 특히 목회자 혼자 북 치고 장구 쳐 가며 고군분투하는 개척교회는 사정이 다르다. 과연 그이들도 말씀만 붙들고 거기서 승부를 내라고 요구할 수 있을까? 거기에 온 에너지를 다 투입하는 게 가능할까? 그렇게 해서 변화와 긍정적인 결과들을 이끌어 낼 수 있을까? 열혈샌님은 두말하면 잔소리라는 투다.

"교회가 크든 작든, 모든 목회자에게 적용되는 원칙입니다. 말씀에 근거해서 말씀으로 교회를 이끌어 가야 한다는 데는 재론의 여지가 없습니다. 그게 본질이니까 거기서부터 본질적인 접근을 해야 합니다. 좌충우돌하더라도 말씀을 가지고 씨름해야 합니다. 그래야 목회가 단순해집니다. 본질에 대한 집중력을 놓치면 목회는 산만해질 수밖에 없습니다. 이걸 해야 하나, 저걸 해야 하나, 카페를 열어야 하나, 복지에 신경을 써야 하나 궁리하다가 교회인지 NGO인지 헷갈리는 기형 공동체가 탄생하는 겁니다. 교회가 뭘 다 해 주려 해서도 안 되고 그럴 수도 없습니다. 그래서 예수님은 마르다에게 한 가지만으로도 족하다고 하신 겁니다. 말씀을 흘려보내고 그 말씀을 받은 이들이 반응하는 게 목양의 정석입니다. 성도들은 은혜받은 만큼 은혜에 반응하고 은혜받은 만큼 섬기며, 열매를 맺는 법입니다."

집회는 끝났다. 이미 자정을 훌쩍 넘겨 새벽으로 이어진 시간이었다. 아직도 간구할 제목이 남은 이들을 제외하고 하나둘씩 집으로 돌아갔다. 돌아가서 한잠 자고 나서 다시 일터로, 학원으로 흩어질 것이다. 계단을 내려가는 이들의 부산한 뒷모습을 지켜보며 교회 쪽에서 조금 더 세심하게 배려할 필요가 있었던 게 아닌지 되짚는다. 식구들이야 결정하는 대로 따라갈 뿐이니 어쩔 수 없지만, 모임을 이끄는 이들로서는 '이튿날'을 염두에 두고 시간을 조정해야 했던 게 아닐까? 시간을 조금만 줄인다든지 시작과 끝을 밀고 당기면 더 많은 이들이 부담 없이 집회에 참석할 수 있을지 모른다.

생각해 보겠다든지, 그럴 수도 있겠다든지, 현실적으로 이러저러한 어려움이 있다는 답이 나올 줄 알았는데 챔피언의 반응은 천만 뜻밖이다. 간절히 원하고 또 꼭 필요한 걸 얻으려면 그만한 희생과 헌신 정도는 감수해야 한다는 분위기다. 스스로 원해서 하는 일이니 내버려두라는 식이다. 이편에서 약점을 파고들 때마다 순순히 인정하던 기왕의 패턴과는 완전히 딴판이어서 당황스러웠다.

"말씀이 말씀으로 흘러가면 회중은 깊은 밤이든 꼭두새벽이든 가리지 않습니다. 이건 진짭니다. 언젠가 특별새벽기도회를 하면서 시작 시간을 4시 30분으로 당긴 적이 있습니다. 전해 주고 싶고 전해야 할 메시지가 차고 넘쳐서 더 긴 시간이 필요했습니다. 어떻게 됐을까요? 참석자가 줄었을까요? 아닙니다. 본당은 그 전에 이미 꽉 차 버렸습니다. 성도들이 이렇게 말씀에 목말라 하고 있습니다. 우리 교회 식구들만 그럴까요? 아닐 겁니다."

이번 라운드에서도 제법 많이 맞았다. 그런데도 울리는 종소리가 고맙고 반갑기는커녕 야속하기만 하다. 짚고 파야 할 미심쩍은 구석이 아직 하나 더 남았기 때문이다.

코너로 돌아가는 챔피언의 등에 대고 중얼거린다.

"각오하세요. 다음 라운드에선 본때를 보여 드릴 테니."

관리와 동원의 허상

통제 욕구를 버리고
양의 필요를 읽으라

철야기도회와 새벽기도회는 참으로 감동적이었다. 그처럼 많은 이들이 휴식을, 텔레비전 드라마를, 데이트를, 공부를, 가족과의 단란한 시간을 포기하거나 유보하고 예배당으로 몰려들었다는 사실 자체가 신선했다. 실종된 줄 알았던 한국교회의 근사한 전통을 박제도 아니고 생생하게 살아 있는 상태로 만날 수 있어서 반가웠다.

그런 장면을 목격하게 해준 부교역자들 그리고 정교하게 작동하는 시스템에 큰 박수를 보내고 싶다.

아닌 밤중에 홍두깨라더니 웬 부교역자, 시스템 타령이냐고? 순진하시긴. 그처럼 큰 공간을 꽉꽉 메운 이들이 정말 백퍼센트 자발적으로 찾아온 회중이었다고 보는가? 결론부터 말하자면,

벽수는 아니라고 본다. 아니고말고!

빡빡하고 긴장도가 높은 삶을 사는 현대인들에게 금요일이 어떤 시간인가? 휴식의 욕구가 하늘을 찌르는 시점이다. 아울러 그 욕구를 채워 줄 온갖 미디어들이 가장 매력적인 손짓을 보내는 순간이기도 하다. 그런데 일주일 내내 격무에 시달린 직장인들이 금요일 저녁을 기다렸다가 퇴근하자마자 예배당으로 달려간다고? 그리고 하루 이틀도 아니고 일주일씩 금쪽같은 새벽잠을 줄여 가며 예배당을 찾는다고? 그게 자연스러워 보이는가?

그렇다면 어떻게 이처럼 상식을 거스르는 사태가 벌어지게된 걸까? 십중팔구, 치밀한 네트워크를 이용해 참석을 유도했음에 틀림없다. 모르긴 해도 교구 담당 목회자와 구역장이나 소그룹 리더들을 연결하는 핫라인이 가동됐을 것이다. 늦어도 금요일 오전쯤에는 교인들 모두가 이런 단체문자를 받았을지 모른다. "오늘 철야기도회가 있는 거 아시죠? 꼭 참석하시고 주위에도 널리 알려 주세요. 교구별로 모여서 오실 분은 담당목사님께 전화 주세요."

정황은 분명하니 물증을 찾거나 자백만 받으면 된다. 공이 울리자마자 챔피언에게 와락 달려들어 질문 펀치를 날린다.

"철야기도회는 참 인상적이었습니다. 그처럼 일사불란한 동
원 체계를 구축하신 비결을 소개해 주시겠어요?"

맛을 지키면 손님은 찾아오게 마련

챔피언은 무슨 소릴 하는지 모르겠다는 낯빛이다.

탐색전이 끝난 뒤부터 챔피언의 얼굴에 자주 나타나는 표정
이다. 도전자의 실력이 예상보다 훨씬 아랫길이라는 걸 눈치 채
고는 숫제 대거리를 안 해 주려는 분위기다. 순순히 인정해도 그
걸 빌미 삼아 공격을 퍼부을 생각은 없었다. 남들도 다 하는 일
이니 딱히 약점이라고 할 것도 없다. 하지만 이렇게 대놓고 잡아
떼면 얘기가 달라진다.

'어떻게 참석을 독려하고 관리하는지 묻는 것'이라는 원색적
인 뜻풀이를 덧붙이고 나서야 답이 나온다. 마치 설명을 듣고 나
니 이제야 이해가 된다는 표정이다. 챔피언의 표정을 보니 더 약

이 오른다.

"막 부임했을 때는 더러 그런 일들이 있었어요. 교구 담당 목회자가 꼭 나오라고 설득하고 누가 나오고 안 나왔는지 확인도 하고요. 나중에 사실을 알고 그러지 말라고 단단히 주의를 줬어요. 그런데도 이미 체질화된 관행을 바꾸기가 쉽지 않았나 봐요. 특히 행정라인에서는 '목사님이 뭐라든지 참석자가 줄어들면 안 된다'는 의식이 있었던 것 같아요. 은밀하게 연락망을 가동하고 참석을 재촉했다는 소리가 다시 들리더군요. 짐짓 화까지 내가며 단속하고 나서야 완전히 정리할 수 있었어요."

정말? 단 한 통의 문자, 단 한 마디의 독촉도 없이 스스로 찾아온 이들이 수천을 헤아린다고? 저녁도 대충 때우고? 어른들은 그렇다 쳐도 나이 어린 학생들까지? 한 문제를 더 맞고 틀리고에 일생이 좌우되는 판에 학원 수업이 아니라 철야기도회에 참석했다고? 중·고등부 교사가 전화 한 번 돌리지 않았는데도? 어떻게 그럴 수가 있느냐는 공세를 열혈샘님은 선문답으로 막아 낸다.

"'맛집'이랑 매한가지예요."

맛집이라… 머릿속 컴퓨터가 버퍼링을 일으키며 단박에 해석을 내놓지 못한다. 공연히 연필만 만지작거리며 뚫어져라 챔피언의 입을 바라본다. 어쩌다 이렇게 수세에 몰려 쩔쩔매게 됐는지 한심하다. 아예 고양이 쥐 데리고 놀듯 하려는 분위기가 아닌가!

"맛집에서 여기저기 광고하고 차 보내서 사람 끌어오는 거 보셨어요? 음식만 맛있게 만들어 내놓으면 손님은 알아서 찾아옵니다. 요리 솜씨는 형편없는데 광고전단만 뿌려댄다고 장사가 잘될 리 없습니다. 어쩌다 걸려든 손님도 신경질을 내고 돌아가선 발길을 끊겠죠. 철야든 새벽기도든 그 시간이 정말 은혜로우면 소문이 나게 마련입니다. 저절로 온 교인이 알게 되고 그날 참석하지 못한 이들은 샘이 나서라도 다음에 찾아옵니다. 많이 모으려고 애쓸 필요가 없습니다. 콘텐츠만 좋으면 시키지 않아도 모여듭니다. 일전에 목회자는 말씀 준비에만 신경 쓰면 된다고 했던 속뜻이 바로 거기에 있습니다."

이민사회에서는 한인교회들이 교민잡지에 광고를 내서 존재를 알리는 경우가 허다한데, 열혈샘님은 시드니에서 20년씩이나 사역하면서 단 한 번도 게재를 허락하지 않았다. 알릴 만한게 있으면 밖에서 알아보고 취재해 가는 게 자연스러운 일이니 내버려두라고 선을 그었단다. 하루 이틀 된 이야기가 아닌 모양이다.

"OMF선교사님들이라든지 성서유니온의 윤종화 총무님처럼 말씀을 말씀으로 풀어내고 본질과 원리에 집중하려고 애쓰는 어른들에게서 받은 영향이 컸다고 봅니다. 책도 목회 방법론이 아니라 원리를 탐색하고 성경 자체에 집중하는 글들을 더 즐겨 읽는 편입니다."

관리, 건강한 목회에 부적합한 불량첨가물

목회자가 아니더라도 강사의 심정이라는 게 청중 숫자에 크게 좌우되게 되어 있다. 귀 기울여 들어주는 이가 많을수록 힘이 나고 적으면 기운이 빠지는 건 인지상정이다. 대형집회를 꾸리고 진행하는 일에 여러 차례 참여해 봤지만 주최 측의 최대 관심사는 어떻게 하면 목표한 인원을 채우느냐 하는 것이다. 할인 혜택까지 주어 가며 사전등록을 유도하고 네트워크를 총동원하지만 집행부는 불안감에 시달린다. 뚜껑이 열리기 전까지 조마조마한 마음을 주체하지 못한다. 그런데 아예 동원에는 관심이 없으시다? 불안하지 않으시다? 열혈샘님의 자신감을 캐서 근원을 찾아봐야겠다.

"불안은 바깥이 아니라 안에서 나옵니다. 하나님이 건강하게 세워 주시고 그 안에 진리가 있으며 참을 추구하려는 열정이 있다면 마음 졸일 일이 없습니다. 본질만 붙잡고 있으면 된다는 뜻입니다. 진리를 진리로 풀어내는 곳에 생명이 있고 부흥이 일어나며 역사가 달라지는 사건이 벌어지는 법입니다. 그런 의미에서 '관리'는 교회에 가져다 붙이기에 적합한 단어가 아닙니다. 실적을 으뜸으로 치는 영업 세계에 더 어울리는 용어이기 때문입니다. 교회를 움직이는 원리를 다루는 자리에 이런 말들이 등장한다는 건 그만큼 목회 환경이 척박하다는 반증일 겁니다. 이런 경향은 갈수록 더 심해지고 싸움은 치열해질 텐데 어떻게 거기에 임할지 입장을 분명히 결정해야 할 겁니다."

'관리'라는 단어에 열혈샌님은 알레르기적인 반응을 보인다. 부교역자들에게도 입에 올리지 말라고 당부할 정도. 영혼을 염두에 두지 않고 시스템을 움직여 가는 기계적인 방식이며 성령님의 역사를 배제한 채 인간의 힘으로 조작하려는 시도라는 것이다. 링에 마주선 이래 처음으로 챔피언의 목소리가 3도쯤 올라갔다. 특유의 미소가 가시고 일자 입이 새로 나타났다.

"목회자는 성도들의 관점에서 영혼을 섬기는 리더십을 가져야 합니다. 관리가 교인을 끌어당기는 조직 운영 요령이라면 목자가 공동체를 섬기는 방식은 양들의 편에 서서 그 필요를 읽고 세워 주는 쪽이 되어야 합니다. 접근 방향이 판이하게 다른 겁니다. 목자의 관점이 아니라 철저하게 양들의 입장에서 목회적인 보살핌이 이뤄져야 합니다. 그래서 교구 담당 부교역자들에게 늘 당부합니다. 몇 집을 심방했느냐보다 어떤 영혼을 어떻게 섬겼는지, 그이들의 아픈 자리를 제대로 싸매 주었는지가 훨씬 더 중요하다고요."

열혈샌님은 '관리'를 '허약한 목회자의 생존 방식'으로 규정한다. 순간, 챔피언의 또 다른 면모가 선연히 노출된다. 여태 수줍음이 많고, 다정다감하고, 남한테 싫은 소리 하길 어려워하고, 글을 좋아하며, 원리를 파고들길 좋아하는 샌님의 얼굴을 보았다면, 방금 목격한 건 성경이 제시하는 목자의 본분과 목양 원리를 고집스럽게 지켜 가는 맹장의 낯이다. 이번엔 그 용사에게 허약한 체질을 개선하는 비법을 묻는다. 관리에 기대지 않아도 설수 있을 만큼 단단한 근육을 가지려면 어떤 운동으로 몸을 다져야 하는가?

"개인 영성부터 충실하게 챙겨야 합니다. 신앙을 가지고 얼마쯤 지나면 익숙하고 편안해지는 시기가 꼭 옵니다. 익숙함과 편안함은 식상함으로 이어집니다. 아주 오래된 연인처럼 서로를 향한 기대감이 실종되는 겁니다. 신앙은 추상적이 됩니다. 사랑도 추상적이 됩니다. 그러니 사랑이신 하나님도 추상적으로 대할 수밖에 없습니다. 그러니까 반응이 일어나지 않습니다. 적잖은 이들이 그 지점에 머물러 있습니다. 하나님은 꼭대기가 보이지 않을 만큼 까마득히 높은 산인데 밑자락 약수터에서 물을 길어 먹으면서 더 올라가 보려 하지 않는 꼴입니다. 그 너비와 길이와 높이와 깊이를 잴 수 없는 하나님의 사랑에 빠져 보려 하지 않습니다. 목회자의 소임은 먼저 그 세계를 맛보고 양들을 그리로 데려가는 데 있습니다."

소그룹은 생명수가 흘러가는 파이프 라인

연타를 맞았지만 캔버스에 아직 누울 정도는 아니다. 마지막

공이 울릴 때까지는 시합은 아직 끝난 게 아니다. 기세가 죽지 않은 의심이 자꾸 고개를 쳐든다. "흘러넘치게 하라"는 챔피언의 목회철학에 백번 동의한다 할지라도 최소한 파이프 라인 정도는 구축되어야 영성의 샘에서 길어 올린 생수가 식구 하나하나에게까지 이를 수 있지 않겠는가? 3만이 넘는 거대한 공동체가 어떻게 담임목회자의 입에서 나오는 메시지에만 의지해서 유기적이고 생명력이 넘치는 교회의 특성을 지켜 나가겠는가? 정점에서 말단까지 물이 닿게 하려면 끊임없이 관을 닦고, 조이고, 기름 치는 작업이 필요할 텐데, 관리의 힘을 빌리지 않고 그게 가능할까? 악착같은 인파이팅에 챔피언은 묵직한 스트레이트로 응수한다.

"예수님의 목양 원리는 잃은 양 한 마리를 찾아가는 비유에서 볼 수 있습니다. 그분은 한 영혼도 외면하거나 무시하지 않고 존귀하게 여기셨습니다. 한 영혼의 가치를 1퍼센트가 아닌 백퍼센트로 평가하셨습니다. 이런 정신은 소그룹을 통해서만 살아날 수 있습니다. 교회는 마디마디가 유기적으로 연결된 구조를 가지고 있습니다. 그 연결이 얼마나 튼실한지 확인할 수 있는 건 소그룹밖에 없습니다. 서로 연결되어 있어야 한쪽의 고통과 기쁨이 나머지에게도 전달될 수 있습니다. 소그룹을 통해 그리스도인의 교제를 몸으로 경험하지 못한다면, 교회는 기능을 잃어버렸다고 해도 지나치지 않습니다. 교회의 생명이 거기에 있기 때문입니다. 우리 교회에는 6천 명의 목자가 있습니다. 6천 명의 목회자가 동역을 하고 있는 셈입니다. 그이들이 목회의 일선에서 교회의 교회다움을 지켜 가고 있는 겁니다."

그러니까 열혈샘님이 구상하는 구조는 담임목회자를 꼭대기에 둔 수직적 피라미드 구조가 아니라 담임목회자를 포함한 6천명의 동역자들이 서로 연결되어 방사상으로 퍼져 있는 틀인 셈이다. 그래서 제각기 영성의 샘에 빨대를 대고 생수를 끌어올리는 동시에 전임사역자가 흘려보내는 물을 받아 구석구석 흘려보내는 가압펌프장 구실을 겸한다는 얘기다. "목자들이 잘못되면 교회는 주저앉는다"는 샘님의 말은 괜한 소리가 아니었다.

열혈샌님이라는 별명을 재고할 시점이 됐다. 생김만 샌님이지 속내는 배짱 두둑한 승부사다. 동원도, 관리도, 프로그램도, 야심의 끈을 다 놓아 버리겠다는 의지가 뚜렷하다. 그렇다면 포차 떼고 마상까지 없앤 그의 장기판엔 어떤 말이 남은 걸까? 식구가 3만에 육박하는 거대한 공동체를 움직이는 키는 무엇일까?

준비하는 교회는
희망을 만난다

한국교회의 다음세대 사역이
지리멸렬의 길을 걷고 있다는
건 누구나 아는 사실입니다.
다음세대 사역의 축소가 장차
어떤 결과를 불러올지
뻔히 알지만
교회 역시 뾰족한
대책이 없습니다.
새로운 접근 방법이 있습니까?

9 라운드

변화를 끌어내는 메시지의 힘

복음의 폭약만이
영혼을 뒤흔든다

심판이 "세컨 아웃!"을 외친다. 링 복판으로 나갈 시간, 발이
무겁다.

이번 라운드는 일방적인 챔피언 우세로 끝날 가능성이 높다.
주제가 메시지이기 때문이다. 상대의 홈그라운드에서 싸우다시
피 해야 하는 게 부담스럽다. 장 칼뱅마저 "하나님께서는 성경
을 이해할 수 있도록 우리에게 특별히 설교자들과 선생들을 세
우셨다"고 했으니 승패가 갈린 시합을 해야 할 판이다. 목회자들
이 유난히 민감하게 반응하는 영역이라는 점도 부담스럽다. 메
시지에 토를 달면 불경, 회의를 표시하면 반역으로 몰리기 십상
이다. 목회자가 차려 내는 밥상머리에서는 '주는 대로 삼키기'가
식사예절이다.

그러나 확률은 높지 않지만, 상대가 가장 자신 있어 하는 자리가 오히려 급소일 수도 있다. 신경을 곤두세운다는 건 단단히 싸매고 보호해야 할 만큼 허약하다는 뜻일지 모른다. 게다가 양으로 살아 본 세월이 길지 않은 목자들은 죽었다 깨나도 모르는 비밀이 있다.

우선, 양들은 생각보다 예민하다. 목회자가 꼴을 얼마나 면밀하게 준비하고 기도로 뒷받침했는지 금방 눈치 챈다. 화려한 수사와 감동적인 예화로 범벅을 해도 쉬 놀아나지 않는다. 달변으로 부실을 덮을 수 있다는 건 착각이다. 양들은 삶과 영으로 전하는 메시지만 살아 있으면 어눌하고 장황한 것쯤은 가볍게 넘길 줄 안다.

칭찬과 위로에 반색하고 꾸짖음을 싫어한다는 통념도 사실과 다르다. 격려든 질책이든, 양들은 그 안에 담긴 진정성의 농도에 따라 삼키거나 게워 낸다. 영성이니 진정성이니 하는 것들은 실체가 없는 주관적 개념이라 말할 수도 있겠지만, 그럼 과학자의 길을 가시지 어쩌자고 목자가 돼서 양들을 괴롭히시는가?

열 달 잘하다가 한 달만 돌려 막아도 양들은 단박에 짚어 내고 불편해한다. 술렁거림을 가라앉힐 요량으로 "목회자의 설교를 두고 이러쿵저러쿵하는 건 사탄이 시키는 짓"이란 소릴 덧붙이기라도 하면 의혹은 확신이 되고 신뢰의 기반마저 의심받게 된다.

이게 전부 목회자만 깜깜한 양들의 비밀이다.

싸움이 제대로 될지 모르겠지만 바로 이 자리를 집중 공략하기로 한다. 질문은 항상 시비조로, 삐딱하게!

"메시지가 여전히 무슨 영향력을 행사할 수 있다고 보세요?"

메시지의 궁극적인 목표는 변화

같잖은 도발 말라는 눈길로 기선을 제압한 챔피언, 곧장 스트레이트를 뻗어 온다. 사리거나, 비틀거나, 포장하지 않아 정직하고 그만큼 강력한 펀치다.

"메시지에는 모든 걸 통째로 바꿀 수 있는 힘이 있습니다. 따라서 목회자에게 강단은 절대적입니다. 마틴 로이드존스의 강단이 살아 숨 쉬는 동안에는 한 도시가, 아니 한 나라가 살아 있었습니다. 설교를 들으려고 유럽에서 비행기를 타고 날아올 정도로 영적인 질서를 잡아 주었습니다. 생수의 강이 흘렀습니다. 그런 점에서 보면, 좋은 설교의 기준은 청중의 삶에 나타나는 변화라고 할 수 있습니다. 피상적인 변신 수준이 아니라 안팎이 완전히 바뀌는 탈바꿈이 있어야 한다는 얘깁니다. 불이 붙지 않고 연기만 피어오른다면 지적인 만족을 주는 데 그쳤을 뿐, 영혼 깊이 들어가 흔들어 놓지 못한 겁니다."

변화라고? 그것도 총체적이고 근본적인 변화? 열혈샌님은 목표를 너무 높게 잡는 이상적인 경향이 있다. 경기에서 이겨도 판정승 정도로는 성에 차지 않는다. 길어야 한 시간짜리 메시지로 본질적인 변화를 기대한다는 게 과연 현실적일까? 챔피언의 표정에는 한 점 의심이 없다. 도대체 메시지라는 폭탄에 어떤 화약을 채워서 떨어뜨리기에 저토록 당당한 걸까?

"무서울 정도로 복음에 집착합니다. 설교의 중심부에는 늘 복음이 설정되어 있어요. 복음이 없으면 능력이 없습니다. 설교의 완성은 복음이 되어야 합니다. 십자가로만 끝나면 안 됩니다. 반드시 부활로 가야 합니다. 선지서의 결론을 보세요. 날카롭고 신랄하기가 이를 데 없지만 끝은 늘 소망이었습니다. 복음이 들어 있었던 거죠. 똑같이 사회문제를 지적하고 질타하더라도 복음이 없으면 비판의 날만 예리하게 설 뿐, 변화를 이끌어 내지 못합니다. 그러자면 복음에 대한 깊은 이해와 담금질이 설교 전반에 묻어 있어야 합니다. 목회자가 얼마나 깊이 진리를 알고 체험했는지가 설교의 모든 영역을 좌우합니다. 거기서부터 역사가 나타나기 시작하기 때문입니다."

복음에 대한 목회자의 이해와 체험이 빠진 메시지는 지성을 만족시킬 뿐, 감성을 넘어 영혼까지 뒤흔들어 놓지 못한다는 게 샌님의 주장이다. 가벼운 잽을 날릴 수는 있을지언정 선데이펀치, 그러니까 다음 주일까지도 못 깨어나게 만들 만큼 강력한 한 방을 작렬시킬 수는 없다는 얘기다. 아침저녁으로 샌님의 메시

지를 챙겨 듣는다는 친구가 무엇에 중독됐는지, 서울의 내로라
하는 교회에서 일하다 부산으로 내려왔다는 부교역자가 무엇에
'꽂혔는지' 가늠하게 하는 대목이다.

현안 해결? 뜨거워지게 하는 게 전부다

시합 전에 글들을 통해 파악한 챔피언의 메시지와 현장의 설
교에는 다소 차이가 있었다. 부드러운 어법을 문자적으로 옮긴
책과 미묘한 표정 하나까지 고스란히 드러나는 영상 사이에 편
차가 생기는 건 당연한 일이다. 글에는 부드러운 이미지가 압도
적이지만 현장에선 그 사이사이에 칼날이 매섭게 번득이는 걸
볼 수 있다. 귀로 들어오는 순간에는 말랑말랑하지만 마음에 도
달했을 즈음에는 따끔따끔하게 변하곤 한다. 열혈샘님도 부인
하지 않는다.

"앞에서 한국교회의 위기를 부른 커다란 요인으로 신앙의 추

상화를 꼽았습니다만, 경박성도 그에 못지않은 악영향을 끼칩니다. 신앙을 너무 가볍게 다루는 게 아닌지 돌아봐야 합니다. 목자들은 '믿습니까?'란 한 마디를 붙여서 덩어리째 양식을 던져 주고 그걸 통째로 집어삼킨 양들은 소화를 시켜 내지 못해 쩔쩔맵니다. 고통을 힘겹게 통과한 뒤에 깨닫고 경험해야 할 십자가의 의미와 하나님의 은혜가 있음에도 불구하고 서둘러 위안을 주려 합니다. 아파 하는 기간이 중요한데도 진통제부터 떠안기고는 곧바로 일어서길 기대합니다. 너무 쉽게 답을 주거나 고난을 건너뛰게 하는 건 대단히 위험한 발상입니다. 한국교회 전체가 이미 그쪽으로 너무 쏠려 있어서 반대편으로 끌어당기는 작업이 필요합니다."

"쯧쯧!" 벽수는 저도 모르게 혀를 차고 말았다. 주일마다 열혈샌님의 메시지를 들어야 할 청중들에게 보내는 연민의 표시다. 말인즉, 필요에 따라서는 단 밥이든 쓴 나물이든 가리지 않고 다 먹이겠다는 얘기가 아닌가! 이런 문제의식을 가진 목회자들일수록 소선지서의 저자들과 흡사하게 마련이다. 샌님의 성품을 감안하면 조단조단 잘못을 지적하면서 회개를 촉구할 테고, 청중은 설교 시간 내내 말썽을 피우고 꾸지람을 듣는 아이들처럼 고개를 폭 숙이고 있을 게 뻔하다. 이편의 속내를 간파한 챔피언이 재빨리 가드를 올린다.

"완급을 조절하죠. 사랑을 말하자면 먼저 율법을 다룰 수밖에 없지만 율법의 코드로 사랑을 이야기하진 않아요. '하나님의 사랑을 받아들일래 아니면 죽을래?'라고 다그치는 식은 아니란 얘기죠. 양들도 다 알아요. 지옥을 얘기해도 복음이 살았으면 사랑으로 받아들입니다. 그래서 목회자 안에 복음으로 치유된 영성이 필요하다는 겁니다. 그렇지 않으면 청중이 상처를 받거든요. 저만의 화법이 있습니다. 강하고 센 이야기도 부드럽게 터치합니다. 우스갯소리를 하지만 그 사이에 비수를 찔러 넣습니다. 얼마 전에 사업을 크게 하는 분과 개인적으로 만났는데, 메시지가 세다고 하더군요. 교인들을 다 쫓아낼 것 같대요. 그래도 근본적으로 식구들을 무너뜨리고 절망시키려는 건 아니니까 크게 신경 쓰지 않습니다. 정말 강하게 몰아붙이려 할 때는 오늘 센

소리를 할 테니 각오하라고 예고도 해 줍니다."

하긴, 열혈샘님은 고래고래 소리를 지르며 야단을 치라고 해
도 못할 스타일이다. "돌격 앞으로!"를 외치는 사령관보다 속 얘
기를 능숙하게 끌어내는 카운슬러 쪽에 가깝다. 메시지에는 메신
저의 기질이 반영되게 마련이라고 볼 때, 설교가 만만치 않겠구
나 싶다. 수만 명의 오만 가지 사연을 시시콜콜 어루만져 주자면
도대체 어떤 노력을 쏟아야 하는 걸까? 하지만 챔피언 가라사대,
그런 헛수고는 하지 않는단다. 세세하게 파고들어 가는 대신 원
리와 본질을 다루는 쪽에 집중한다는 것이다. 어떻게 된 게 이번
라운드 들어서 던진 주먹은 단 하나도 걸려드는 법이 없다.

"해결해 주고 싶어서 애쓰는 마음은 가상합니다. 하지만 목
자에게 양들의 현안을 다 풀어 줄 힘이 있을까요? 단연코 없습
니다. 심지어 답이 없는 경우도 허다합니다. 가장 현명한 대책
은 뜻 모를 고통을 끌어안고 십자가 앞에 나가는 것뿐입니다. 거
기서 답을 얻으면 감사하고 여전히 깜깜하다 해도 주님의 발 앞

에 짐을 내려놓고 일어서면 그만입니다. 예를 들어, 청년부 사역자가 식구들의 결혼 문제를 해결해 줄 수 있을까요? 직장, 이성, 데이트, 인간관계 같은 사안들은 또 어떻고요. 그러니까 직접 매듭을 풀어 보겠다고 덤벼들지 말라는 겁니다. 말씀을 말씀으로 정확하게 가르친 끝에 식구들이 변화를 받고 성숙해지면, 마땅히 하나님이 그 인생을 이끌어 가고 책임지십니다. 사역자가 할 일은 식구들이 영적으로 뜨거워지도록 만드는 게 전부입니다."

이는 이민목회를 하던 시절부터 챔피언이 꾸준히 지켜 오던 원칙이었다. 이민생활의 고단함을 참작해서 거기에 맞춰 주는 게 아니라 원칙과 훈련을 강조했다. 힘든 사정을 모르지 않지만, 열악한 조건에 치여 살다 하나님 앞에 갈 거냐고 다그치며 새벽기도회에 참석하고 제자훈련을 받게 했다. 거기서 은혜를 체험한 식구들은 자신을 먼 타국 땅에 보내신 하나님의 뜻에 눈길을 주기 시작했고 삶의 의미와 가치를 되찾았다.

"목회자는 삶을 통합적으로 보는 거시적인 안목을 갖춰야 합니다. 이민이든, 실직이든, 실연이든 살아가는 과정에서 벌어지는 일들을 가지고 하나님이 어떻게 한 인간을 빚으시고 거룩한 자녀로 완성해 가는지 보여 주는 영적인 지도를 들고 있어야 한다는 뜻이죠. 그래야 식구들에게 여기가 어디고 어디까지 가야 한다는 걸 알려 줄 수 있지 않겠어요?"

목회자는 노력을 포기하지 않는 존재

예상대로 고전이다. 펀치는 빗나가고 반격은 매섭다. 챔피언 벨트를 가위바위보 해서 딴 게 아님을 절감한다. 하지만 몰아도 너무 몰았다. 단 한 대도 안 맞아 주고 줄곧 때리기만 했으니 말이다. 맷집이 아무리 좋아도 그로기 상태가 되면 이성적인 판단이 어려운 법이다. 치사한 공격인 줄은 알지만 기회를 보다가 챔피언의 명치를 노리고 힘껏 주먹을 뻗는다. "목회자들은 얼마나 부담스러울까요? 말한 대로 살아야 하잖아요?"

비로소 공세가 느슨해진다. 막강 챔피언에게도 예민한 자리

였던 모양이다.

"맞아요. 목회자에게 메시지와 삶을 일치시키는 작업이야말로 필생의 과제죠. 그리스도가 살았던 삶을 그대로 좇지 않으면 입으로 전하는 게 무슨 의미가 있겠어요. 완전주의와는 다른 얘기예요. 설교자는 '이렇게 사노라'고 자부하는 사람이 아니라 '말씀대로 살려는 노력을 포기하지 않는' 존재입니다. 말한 대로 살지 못하는 갈등을 안고 씨름하면서 날마다 그 격차를 줄이기 위해 노력하는 사람이죠. 그리고 그 노력마저도 은혜의 울타리 안에서만 가능하고요."

양치기로 살아온 여정이 수십 년을 헤아리고 숱한 성과를 올린 목회자마저도 여전히 공사 중이고 아직도 씨름 중이란다. 갑자기 상대에게 연민이 든다. 스톡홀름 신드롬(Stockholm Syndrome)의 일종인가? 목축업도 함부로 뛰어들 분야가 아니란 생각이 든다. 양들은 모르는 목자들만의 세계를 살짝 들여다본 느낌이다. 살짝 처진 분위기를 되살리려는 듯 챔피언이 마침표를 찍는다.

"그래도 행복해요. 준비할 때는 온갖 고생을 해도 양들이 먹으며 즐거워할 때면 기쁨에 겹죠. 밤잠 못 자고 새벽에 나왔지만 일찍부터 기다리는 이들이 은혜를 받는 모습을 지켜보면 가슴이 벅차요. 음식을 장만하는 마음과 비슷하다고 보면 돼요. 가끔은 교인들한테 투정 아닌 투정을 부리기도 해요. 여러분은 식성이 너무 좋다고. 만들어 놓기 무섭게 탁 채 가고, 다시 만들면 또 집어먹고 한다고요. 그럼 교인들이 '와' 하고 웃죠."

10 라운드

메시지를 쥐어짜지 않는 비결

폭발력의 팔할은
골방에서 빚어진다

종반전에 들어서면서 챔피언의 모드는 공세로 완전히 돌아섰다. 승기를 잡은 김에 확실하게 마무리를 짓고 싶은 모양이다. 오늘은 경기가 시작되기 전부터 기 싸움을 걸어 온다. 점심식사를 끝내고 인터뷰 장소로 가기 전에 갤러리에 들르자는 것이다. 가뜩이나 시간에 쫓기는 데다가 아직 들어야 할 얘기가 태산인데 무슨 정신에 그림을 구경한단 말인가! 그래도 아무렇지도 않다는 듯 따라 들어간다. 초조해하면 챔피언의 전략에 말려들 여지가 많아진다. 심신수양 삼아 그림을 훑는다. 장르마저 추상화여서 속이 니글니글하다. 속이 타다 못해 곱창 냄새가 진동을 하는 이편의 사정은 아랑곳하지 않고 샌님은 마냥 세월을 보낸다. 잡아끌지 않으면 아예 초막 셋을 짓자고 나설 판이다.

수상하다. 시간이 모자라기로 치면 열혈샘님 쪽이 곱절은 더하다. 일정표를 보고 말고 할 것도 없다. 어림짐작만으로도 금방 견적이 나온다. 주일예배 다섯 차례에다 금요철야와 부정기적인 모임도 있으니 메시지만 해도 최소 예닐곱 건이다. 그걸 일일이 준비하려면 엄청난 시간이 소요된다. 원고를 기다리는 곳도 많아서 몇 편씩 글도 써야 한다. 여기저기 만나자는 이들이 줄을 섰을 테고 대가족을 끌어안았으니 크고 작은 사건들이 오죽 많겠는가? 그런데 이렇게 여유만만이라니, 논리적으로 앞뒤가 맞지 않는다.

　　빈도가 잦아지면 밀도가 떨어지는 게 상식이다. 하지만 몇 주간의 설교를 동영상으로 비교해 보아도 열도와 순도에 차이가 없다. 마치 일주일을 통틀어 그 설교가 전부인 것처럼 표정과 말투와 에너지의 변화가 감지되지 않는다. 무슨 꼼수를 쓰고 있는 거지?

　　이번 라운드 경기는 거기서부터 풀어 나가기 시작한다.

시간 확보 그리고 영감

열혈샘님의 일차적인 설명은 '엉덩이 목회론'이다. 바쁘게 돌아다니는 게 아니라 진득하게 앉아서 버티는 쪽이 목회에 성공할 승산이 높다는 미확인 이론을 내세운다. 행동파보다 사색형에 가까운 기질 덕에 책상에 붙어 있기를 좋아하고 시간을 창조적으로 쓰는 데 유리하단 얘기다. 하지만 그것만으론 성이 차지 않는다. 그나마 납득할 만한 해명은 한참 뒤에야 나왔다.

"살인적인 일정을 소화할 수 있는 건 생활이 심플하기 때문입니다. 삶이 분주하지 않고 정신없이 돌아치지 않습니다. 겉으로는 많은 일을 하고 있는 것처럼 보이지만 실제로는 메시지에 집중합니다. 개인적으로 설교를 준비하고 전파하는 일을 즐기는 편이므로 일이지만 일같이 느껴지지 않습니다. 다만, 아웃풋(output)을 제대로 내기 위해서는 반드시 인풋(input)이 따라야 하는데 그 둘 사이의 균형을 잡기 위해 오전에는 어떠한 방해도 받지 않고 홀로 시간을 보냅니다. 목회자가 스트레스에서 벗어

나 안정감 있게 사역하자면 그처럼 독립된 환경을 만들어 두는
게 전략적입니다. 그 시간에 성경 말씀을 읽고 묵상하거나, 음악
을 듣거나, 책을 봅니다. 요즘 일이 있어서 화요일마다 서울을
오가지만, 그때도 마찬가지입니다."

그렇게 고립되어 홀로 있는 시간은 메시지의 영감을 얻는 기
회이기도 하다. 그는 지난주에는 '얍복나루'에 완전히 빠져 지냈
다. 지휘자가 음악에 매몰되듯 말씀에 묻히는 행복한 시간이었
다. 그렇게 얻은 영감은 설교가 되거나 글이 된다. 열혈샘님은
그게 메시지를 쥐어짜지 않는 비결이라고 했다.

"쏟아 부어 주시는 걸 받아쓴다는 느낌이 없으면 설교가 힘
들었을 겁니다. 무슨 신비체험을 얘기하는 게 아니에요. 말하자
면 통찰이나 영감에 사로잡히는 경험이라고나 할까요? 안에서
샘솟기보다 위에서 내려오는 감흥들이죠. 그렇게 말씀 하나가
탁 살아나서 가지를 뻗어 가는 걸 포착하면 가슴이 뜁니다. 그렇
게 잉태된 생명은 쑥쑥 자라서 책상머리에 앉는 순간부터 출산

과정을 밟게 됩니다. 그래서 개인적으로는 설교를 연구의 소산이 아니라 부어 주심의 결과라고 봅니다."

주문한 커피가 나왔다. 잠깐 대화가 끊어진 걸 빌미로 챔피언의 지연작전이 재개됐다. 아주 애간장을 녹여 버릴 심산인가 보다. 이번엔 꽃 타령이다. 가꿀 시간을 내지는 못하지만 구경하는 건 언제나 좋다는 얘기다. 심지어 휴대폰을 꺼내 사진을 보여 주기도 한다. 희귀한 꽃은 거의 없고 흔하디흔한 '국민꽃'들뿐인데도 그렇게 사랑스러운가 보다. 할미꽃도 좋고 호박꽃도 좋단다. 저마다 색깔과 모양, 향기와 정취, 쓰임새가 제각각이어서 잘나고 못난 걸 떠나 묵상을 부른단다. 이편은 속이 끓어서 곱창전골 냄새가 진동하는데도 한번 오른 흥은 가실 줄 몰랐다.

꽃바람이 지나가자 책 노래가 이어진다. 원숭이도 나무에서 떨어질 날이 있다더니, 챔피언의 묘수를 악수로 바꿔 버릴 찬스가 왔다. 지연전술도 상대를 봐서 써야 하는 법. 대학을 졸업한 뒤로 줄곧 책 만드는 일로 밥벌이를 해온 이 몸이다. 순진무구한 얼굴을 하고 기다렸다가 마음먹고 주먹을 휘두르는 순간, 카운

터블로를 날리기로 뜻을 정한다.

성경적, 지적 자원의 정렬과 조립

그런데, 그러나, 하지만… 형편이 좀 묘하게 돌아간다. 등장하는 책 이름들이 총천연색이다. 《나사로의 시학》은 생명을 되찾은 뒤에 성경 무대에서 자취를 감춘 주인공을 모티프로 쓴 문학비평서고, 《단》은 경제학 박사가 복잡한 세상에서 살아남으려면 단순해지라고 권하는 자기계발서다. 반면에 《새의 감각》은 생물학자가 새의 감각세계를 파헤쳐 정리한 과학책이다.

그제야 감이 온다. 샌님은 지금 잡담으로 시간을 낭비하고 있는 게 아니라 메시지가 생성되는 과정을 설명하고 있는 중이었다. 《나사로의 시학》을 읽다가 부활 설교의 맥을 잡았고, 《단》을 보면서 요즘 권찰회 모임에서 나누고 있는 마리아와 마르다가 떠올랐단다. 두 여인 가운데 어느 한쪽을 강조하는 바람에 깨진 밸런스를 잡아 주는 데 큰 도움이 됐다는 것이다. 반대로 성경 말씀을 읽다가 그 내용을 뒷받침해 줄 만한 일반서적이 생각나기도 한단다. 지금 읽고 있는《새의 감각》은 마태복음 6장 설교의 토대로 삼을 만하다고 했다. 조막만 한 새들도 집을 지으면서 새끼를 키우는 데 유리한지, 추락할 가능성은 얼마나 되는지 따위를 일일이 고려한다. 하나님이 그렇게 지으셨다. 새 한 마리도 그렇게 아끼셨다면 자녀로 삼은 우리들이야 더 말해 무엇 하겠는가?

"무얼 하든지 메시지에 집중한다고 말씀드렸죠? 독서도 그래요. 말씀을 심화하기 위한 글 읽기이지 양식을 넓히기 위한 게아닙니다. 목회자에게 말씀은 모든 걸 다 퍼부어야 할 대상입니다. 즐거워하고, 연구하고, 묵상할 뿐만 아니라 누려야 합니다. 그리고 거기서 얻는 결과를 뭇 사람들과 나누는 작업이니까 행복한 일일지언정 고역은 아닙니다. 신바람 나게 나누고 거기서변화까지 일어나다니, 이보다 근사한 게 세상에 또 있을까요? 없다고 봅니다. 없고말고요."

샌님의 독서는 장르를 넘나든다. 책은 인터넷으로 직접 고른다. 오랫동안 해온 일이라 노하우가 잡혀 있다. 좋아하는 저자와 분야가 있다. 사 모은 시집은 백여 권이 넘는다. 김춘수나 고은의 시, 이윤기의 에세이는 함축미가 있어서 글을 쓰는 데 적잖이 보탬이 된다. 아울러, 이민목회를 하면서 자주 대했던 원서들은 챔피언에게 막대한 목회 자원이 되었다.

"시드니에서 20년 남짓 사역하면서 가장 크게 입은 혜택은 영어원서들을 자주 대할 수 있었던 점입니다. 성경 본문에 강한 주석을 비롯해 유익한 자료를 숱하게 대할 수 있었거든요. 그런 책들을 수집하고, 읽고, 외웠던 경험이 설교하는 데 큰 힘이 되죠. 초기에는 강해할 본문이 정해지면 관련 서적들을 있는 대로 긁어모았어요. 요즘은 방대한 자료를 모아 잘 정리한 주석서들이 흔해져서 서너 권만 읽어도 얼개가 일목요연하게 잡히죠. 막상 회중과 만날 때는 원문에 대한 해석이 완전히 끝난 상태가 되어야 해요. 설교를 하면서 원문풀이에 많은 시간을 할애하면 청중에게 위화감을 주고 목회자 자신에게도 교만에 빠질 빌미가 될 수 있습니다."

　이제 남은 과정은 이 모든 요소를 한데 아우르는 편집뿐이
다. 인문학자 김정운은 《에디톨로지》에서 "창조는 편집"이라고
단언한다. 기술적으로 설교는 내면에 보관 중인 성경적, 지성적
자료들을 한 줄로 꿰는 작업이다. 오랜 세월 설교를 붙들고 씨름
해 왔으므로 성경 66권은 머릿속에 정렬되어 있다. 몇 장 몇 절
까지 외우지는 못하지만 언제든 관련 구절들을 연결할 수 있다.
그것만 해도 최고의 주석을 내장하고 있는 셈이다. 평소에 책을
읽으면서 정리해 둔 내용들도 준비되어 있다. 중요한 대목은 컴
퓨터에 적어 놓거나 북 클립을 끼워 놓았으므로 아무 때나 꺼내
쓸 수 있다. 열혈샘님은 그걸 씨 뿌리기로 풀이한다.

　"머리는 컴퓨터와 달라서 자는 동안에도 창조 작업을 합니
다. 아침에 일어나면 전에 넣어 둔 것 가운데 무엇 하나라도 튀
어나옵니다. 텃밭에 씨를 뿌려 두면 여기저기서 싹이 돋는 것과
매한가지죠. 우린 그저 솎아 먹으면 되고요. 그러니 씨는 많이

뿌리는 게 좋아요. 독서를 안 하면 했던 얘길 또 할 수밖에 없습니다. 설교자로서 저는 같은 메시지를 되풀이해 전하는 게 싫습니다. 본문은 겹쳐도 전혀 다른 말씀을 전합니다. 특별새벽기도 메시지가 가능한 건 통장에 저금해 둔 자금이 있기 때문입니다. 그렇지 않고는 몇 주간이나 미리 제목과 본문을 정해 놓고 메시지를 전하면서 일정한 열도를 유지하기 어려울 겁니다."

내면에서 빚어져 밖으로 흐르는 메시지

하지만 의문은 여전히 남는다. 재미로 치자면 텔레비전 드라마나 영화 쪽이 훨씬 윗길이다. 리모컨을 누르기만 하면 달콤한 로맨스와, 시원한 액션과, 심금을 울리는 다큐멘터리가 줄줄이 쏟아져 나온다. 스토리도, 화면도, 심지어 전하고자 하는 메시지마저 엄지손가락을 치켜들게 만드는 작품이 부지기수다.

물론, 콘텐츠의 품질 면에서는 설교 쪽이 비할 데 없이 탁월하다. 문제는 그 메시지가 가슴을 파고들어 중심을 흔들지 못한다는 데 있다. 볼거리가 아니라 내용으로 승부해야 하는 설교가 마음에 다가서지 못한다면 거기에 귀를 기울이지 못하는 건 청중의 책임인가 아니면 설교자의 능력 부족인가? 열혈샘님은 그 원인을 '자기화의 실패'에서 찾는다.

"자기화된 패턴이 있어야 합니다. 제 몸에 맞는 옷을 입어야 한다는 얘기죠. 젊은 목회자들 가운데는 남의 옷을 입고 강단에 서는 이들이 더러 있습니다. 제대로 흡수되지 않은 메시지를 익숙하지 않은 언어로 전달하는 까닭에 양들도 받아먹기가 불편해지는 겁니다. 맛있는 음식은 입안에서 녹게 되어 있습니다. 수없이 많은 공정을 거쳐 정형화된 결과물이므로 모두의 입맛을 만족시키는 겁니다. 그런 음식을 파는 가게로 손님이 몰리는 건 자연스러운 현상입니다. 대형교회 목회자들의 설교를 들어 보면 십중팔구 대중성과 깊이를 고루 갖추고 있습니다. 내용과 표현이 하나같이 알아듣기 쉬운데 깊이까지 있으니 폐부를 찌르는 겁니다."

챔피언은 그만한 힘을 기르자면 말씀이 목회자 자신의 내면 세계에서 빚어져 밖으로 흘러가야 한다고 지적한다. 그렇지 않으면 머리에서 나가는 지적인 메시지에 그치고 동의는 끌어낼 수 있을지 몰라도 공감을 얻지 못한다는 것이다. 결국 샌님이 그처럼 악착같이 시간 관리에 매달리는 것도 공감을 끌어내는 메시지를 찾아내려는 안간힘의 일부인 셈이다.

"메시지를 준비하고 선포하는 건 행복한 일이지만 철저한 자기관리가 따라야 하는 작업이기도 합니다. 그렇지 않으면 책 읽을 시간과 말씀을 챙길 시간이 없습니다. 준비가 부족하면 메시지의 힘이 떨어지고 끝내는 영적인 부도를 내게 됩니다. 생각해 보세요. 주일만 해도 몇 만 명이 제 메시지를 들으러 오는데 그처럼 부실한 상을 차려낸다는 게 말이 되겠습니까? 목회자로서 직무를 유기한 꼴이 되지 않겠습니까? 그래서 날마다 방에 처박히는 겁니다. 점심도 분식집에서 배달시켜 먹어 가면서 본문을 부여잡고 이리저리 뒹구는 거고요. 그런데 그게 더없이 행복하니 묘한 일이죠."

고립되어 홀로 있는 시간은
메시지의 영감을 얻는 기회다.
그것이 메시지를 쥐어짜지 않는 비결이다.
설교는 연구의 소산이 아니라
부어 주심의 결과다.

미래를 향한 도전, 개척이 답이다

안전한 착지보다
과감한 도약을

시드니에 허리케인이 불어닥쳤다. 폭우가 쏟아지고 천둥번개가 요란했다. 강풍에 나무가 쓰러지고 온갖 물건들이 날아다녔다. 새벽기도회에 참석한 이들은 고작 열 명 남짓이었다. 평소에 출석하던 인원에 비하면 형편없는 숫자였다. 하지만 소중했다. 사나운 날씨와 위험한 길을 무릅쓰고 기도하러 온 귀한 영혼들이 아닌가!

열혈샘님의 마음속에서 무언가 꿈틀하고 움직였다. 특별한 선물을 주고 싶었다. 예삿날과는 다른 별식을 먹이고 싶었다. 즉석에서 부흥회를 열기로 했다. 직장일이 바쁜 분들은 언제든 출근하라고 뒷문을 열어 준 뒤에 남은 식구들과 마음껏 말씀을 나눴다. 메시지는 무려 한 시간 반이나 이어졌다. 더없이 은혜로운 시간이었다.

진정성이 답이다

    이제는 국내에서 사역하고 있지만 그 전통은 여전하다. 추석이나 설날 같은 명절에 어렵게 예배를 드리러 온 이들을 보면 고마운 생각이 솟구친다. 그래서 "다들 바쁠 테니 간단히 합시다"라고 얘기하지 않고 오히려 더 강력한 메시지를 힘주어 전한다.

    이런 성실성 또는 진정성이야말로 챔피언이 수많은 방어전을 성공적으로 치러 내며 최정상을 지킬 수 있었던 저력의 원천이다.

    "목회자에게는 환경이 제아무리 요동쳐도 태도를 바꾸지 않고 항상성을 유지하는 모습이 필요합니다. 인원이 많고 적음에 따라 식구들을 대하는 자세가 달라져선 안 됩니다. 명절이라고 틀을 깨고 휴일이라고 늘어져서도 안 됩니다. 정오의 빛처럼 늘 일정하고 여전해야 합니다. 그게 성실이고 진정입니다. 관건은 실력이 아니라 태도에 있습니다. 저는 함께 일할 교역자를 찾을 때도 그 지점을 살핍니다. 진정성이 있는가? 진심을 품고 진리에, 사람에, 영혼에 다가서는가?"

부교역자 2번 목사는 열혈샘님을 처음 대면하는 자리에서 그 진면목을 확인했다. 함께 일할지 가늠하는 인터뷰였음에도 불구하고 무슨 일을 하고 싶은지, 어느 영역에 특기가 있는지, 어떤 경력을 가졌는지 따위의 흔하디흔한 질문은 없었다. 대신, 한국교회의 문제는 무엇이며 사회적인 지탄을 받게 된 계기는 어디에 있는지, 해법을 얼마나 고민하고 있으며 그 결론은 무엇인지를 물었다. 대형교회의 담임목회자가 부교역자와 이런 주제를 가지고 이야기를 나누려 한다는 사실 자체가 신비로웠다. 한 시간 정도의 인터뷰가 부흥회 같았다. 바울과 디모데처럼 마음이 통하는 어른과 함께한다는 사실만으로도 충분히 행복했노라고 2번 목사는 말했다.

챔피언이 후배들에게서 찾고 싶어 하는 품성 역시 진정성이다. 그것만 갖춰지면 성과나 능력은 중요치 않다. 기본적인 태도만 잡혀 있으면 실력이야 갈수록 쌓이게 마련이라는 것이다. 그래서 성품은 어떠한지, 시대정신과 오늘의 이슈들을 파악하고 있는지, 여럿을 아우르며 함께 살아갈 자질을 갖췄는지를 점검한다.

"목회자는 자신을 성실하게 목양할 줄 알면 됩니다. 제 영혼을 꾸준히 가꿀 줄 알면 무엇이든 선한 것들이 고였다가 흘러나가게 되어 있거든요. 스스로 중심을 돌아보며 고민하고 갈등해본 목자가 말씀을 듣고 양들을 만나 함께 씨름하며 매듭을 풀어갑니다. 그게 목회입니다."

일단 동역이 결정되면 샌님은 공유와 공감의 폭을 최대한 확장하고 싶어 한다. 주일 아침부터 밤늦게까지 정신없이 질주한 탓에 휴식의 욕구가 하늘을 찌름에도 불구하고, 월요일마다 책임을 맡은 부교역자들과 만나 하다못해 콩나물국밥이라도 한 그릇 나눠 먹는다. 차 한 잔 마시며 사소한 얘기를 나누기도 하고 산책을 나가기도 한다. 몸이 두 개라도 모자랄 만큼 분주한 일상을 사는 대형교회 담임목회자가 부교역자들에게 이토록 공을 들이는 까닭은 무엇일까? 챔피언의 답이 궁금하다. 진정성을 으뜸으로 꼽는 샌님이니, 이편도 한결같음을 지키기 위해 한껏 야비하게 묻는다.

"상대를 감동시켜 충성을 우려내는 감성몰이 용인술을 쓰시나 봅니다."

미래를 열어 갈 동역자를 찾는다

대꾸할 가치도 없다는 듯, 질문 따위는 싹 무시해 버리고 샌님은 곧장 본론으로 들어간다.

"지금 함께하는 목회자들이 조만간 한국교회의 미래를 책임져야 할 주역들이기 때문이죠. 우리 교회의 당면과제를 처리하고 일을 나눠 맡는 게 전부가 아닙니다. 한국교회와 세계교회를 책임질 인재를 좋은 구조 안에서 길러 내는 게 더 중요합니다.

개인적으로는 우리 공동체를 교회이자 신학교로 여깁니다. 이만하면 일꾼을 키워 내기에 모자람이 없는 토양이라는 자부심도 있고요. 신학교를 다니는 동안 여러 가지 불합리한 여건 탓에 충분히 배울 수 없었던 목양을 깊이 있게 가르치려고 합니다. 적어도 '신학교를 나오면 설교를 못하고, 성경을 못 보고, 전도를 못 한다'는 3불가론만큼은 깨끗이 떨어내게 돕고 싶습니다. 안수를 받은 뒤에 어떤 목회자에게서 현장교육을 받느냐가 목회 인생 전체를 좌우합니다. 가능한 한 젊을 때 시작하는 게 좋습니다. 40줄에 들어서면 이미 틀이 잡혀 바꾸기가 쉽지 않거든요."

챔피언의 멀리 보는 혜안에 박수를 보내고 싶은 마음을 간신히 누른다. 시합 중에 상대방의 사기를 북돋우는 건 어리석은 짓이다. 지금 이 순간, 도전자에게 어울리는 자세는 어떻게 하든지 허점을 찾아 무조건 찌르고 보는 쪽이다. 이빨이 들어갈 구석이 아예 없는 건 아니다. 한국교회를 이끌 미래자원을 길러 내는 양성소가 되겠다는 게 과연 현실적인 목표인지부터가 불확실하다. 이 공동체를 맡은 뒤로 지난 4년 동안 챔피언의 목회 DNA가 얼마나 부교역자들에게 이식되었는지 헤아려 보면 어렴풋이나마 실현 가능성을 진단해 볼 수 있을 것이다. 열혈샘님 역시 후한 평가를 내리진 않는다.

"아직 흡족한 수준은 아닐 겁니다. 목회 현장의 상황이 너무나 치열하고, 오랫동안 굳어진 한국교회의 현실이 엄연하며, 오래된 시스템의 영향이 아직 짙게 남아 있기 때문입니다. 지금으로서는 기왕과 전혀 다른 방향에서 접근해 들어가면 주저하며 의구심이 어린 눈길을 보내기 일쑤입니다. 본질에 기반을 둔 혁신적인 제안을 해도 선뜻 따르지 못합니다. 실적을 묻지 않겠다, 통계수치로 사역을 평가하지 않겠다고 강조해도 이편의 본심이 무엇인지 궁금할 겁니다. 하지만 틀이 바뀌고 문화가 변하는 데는 오랜 시간이 걸린다는 점을 잊어선 안 됩니다. 기다림이 필요하다는 얘기죠."

그렇다고 해서 요지부동, 변화가 없었던 건 아니다. 위원회 구조가 사라지고 팀워크라는 새로운 틀이 들어왔다. 예배의 틀도 달라졌다. 이렇게 큰 틀만 바꿔 놓으면 시간이 흐를수록 살이 붙고 뼈가 굳으리라는 게 샌님의 생각이다. 방향이 바르게 잡혔으니 자신감을 가지고 느긋하게 기다리는 게 상책이라는 것이다.

"세대교체 후에 몸살을 앓는 경우들을 들여다보면 대부분 급진적 개혁을 추구하는 과정에서 빚어진 현상들입니다. 후임자에게는 빨리, 눈에 보이게 바꾸고 싶은 욕망이 있게 마련입니다. 하지만 자신의 리더십을 뚜렷이 드러내려고 서두르다 보면 무리가 생깁니다. 회중은 변화를 바라지만 급격한 변신을 두려워합니다. 그러므로 천천히 가야 합니다. 목회는 혁명이 아닙니다. 개혁도 아닙니다. 목양일 뿐입니다. 초점을 양에 맞추는 게 순리라는 뜻입니다."

맨땅에 헤딩? 하나님 말씀을 가졌는데도?

부교역자를 단순한 일꾼이 아닌 DNA를 공유하는 미래자원으로 키워 간다는 챔피언의 설명을 들으며 퍼뜩 짚이는 게 있었다. 어느 도시든 하나님이 기름 부으셔서 영적인 진앙으로 삼으신 교회가 있어야 한다는 챔피언의 소신이다. 그렇다면 함께 일하는 후배 사역자들에게 거는 기대가 기성 교회를 담임하는 쪽보다는 '개척'에 가 있는 건 아닐까?

심증을 뒷받침할 만한 얘기는 인터뷰 내내 여러 차례 등장했었다. 나날이 쇠약해져 가는 한국교회가 건강을 되찾기 위해서는 '개척'을 중요한 대안으로 삼아야 한다고 했다. 환경과 여건이 어려운 건 분명하지만, 거기에만 눈길을 주지 말고 가능성을 찾아 돌파구를 여는 데 초점을 맞추어야 한다는 것이다. 특히 수련과정을 마치고 독자적인 사역을 모색하는 목회자라면 프레임이 깨져 있는 기성 교회에 들어가 일하다 여기저기 다치기보다 개척하는 쪽을 추천한다고도 했다.

무슨 뜻인지는 알겠다. 개척을 갱신의 주요 방편으로 보는 목회자들의 성공담도 더러 들었다. 미국 리디머 장로교회의 팀 켈러 목사 같은 이는 200여 도시에 교회를 새로 세웠다. 하지만 그건 형편이 다른 먼 나라 얘기다. 오늘, 대한민국이라는 공간에

서 개척으로 승부를 볼 수 있다고 믿는다면 챔피언의 현실 감각
에 문제가 생겼음에 틀림없다. 아파트 상가건물마다 몇 개씩 솟
았던 십자가 탑들이 하나둘씩 사라지기 시작한 건 어제오늘의
일이 아니다. 비까번쩍한 건물과 시설을 갖춘 교회들도 고전을
면치 못하는 판에 개척을 하라고? 샌님이 그랬던 것처럼 여염집
거실에 사과 궤짝 하나 놓고 시작하라고?

그런 소릴 들은 부교역자들의 반응은 어땠을까? 직접 보고
듣지는 못했지만 '시큰둥'이 대세가 아니었을까?

도전자의 코웃음을 눈치 챈 챔피언이 이내 반격을 가해 온
다. 잡아뗄 때를 대비해서 남 얘기 하듯, 에둘러 찔러 댄다.

"어느 목회자가 개척을 일컬어 '맨땅에 헤딩'이라기에 무슨
소릴 하느냐고 야단을 쳤습니다. 그건 말씀의 능력을 무시하는
언사입니다. 하나님 말씀은 요지에 확보한 빌딩보다 훨씬 값진
자산입니다. 사람을 살리는 진리를 소유했는데 어떻게 무모한
도전이 될 수 있겠습니까? 말씀을 잡고 몸을 던져야 합니다. 어
디서 시작하든 상관없습니다. 지하든, 땅굴이든, 집이든, 길가든

진리를 흘려보내면 사람은 모이게 되어 있습니다."

종이 울리기 직전이라 마음을 놓고 있다가 허를 찔렸다. 상
대는 여전히 몸이 가벼워 보였다. 챔피언은 눈앞에 드리운 안정
과 안전의 줄을 놓고 도전과 개척의 줄로 바꿔 타라고 요구하고
있었다. 앞날은 장담할 수 없지만 적어도 추락할 위험은 없으니
안심하라고 다독여 가면서.

미래를 바라보는 눈, 다음세대

교회를 살리는 건
결국 다음세대다

예배당 앞쪽, 그러니까 강단 바로 아래에 초등학생들이 버글거린다. 적어도 50명은 돼 보인다. 의자도 아니고 맨바닥에 쭈그리고 앉아 메시지를 듣는다. 노트를 펴고 펜을 쥔 품새가 의젓하다.

강단에 선 열혈샘님은 틈틈이 아이들과 눈을 맞춘다. 그때마다 어김없이 입가에 웃음기가 돈다. 꼬맹이들한테 한눈을 팔다가 말이 끊기기도 한다. 심지어 단상으로 불러내 성경봉독을 시키거나 방송실에 주문해 카메라로 얼굴을 크게 잡아 주기도 한다. 이제는 아예 문화로 자리 잡았는지 아무도 부자연스럽게 여기지 않는다.

5시에 시작하는 특별새벽기도회에 나오자면 저 아이들은 훨씬 일찍 일어났을 것이다. 이렇게 이른 새벽에 꼬마들이 예배당을 찾는다는 것도, 언제고 소란을 피울 수 있는 철부지들을 제일 앞자리에 앉힌다는 것도, 설교자가 쉴 새 없이 아이들과 교감한다는 것까지 다 신기하다. 웬만한 교회에서는 좀처럼 보기 어려운 진풍경이기 때문이다.

"왜?"를 묻자 아이들을 좋아해서 그런다는 대답이 돌아온다.

"아이들의 영혼은 어른들보다 더 순수해서 배울 게 많아요. 아이와 어른을 한 공간에 놓고 메시지를 전하면 양쪽 모두에게 마이너스 아니냐고들 하지만 모르는 소리입니다. 어른들도 꼬마들을 보며 무척 즐거워합니다. 목회자가 눈을 맞추고 온 교회가 주목해 주면 아이들의 자존감이 높아집니다. 공동체와 함께한다는 사실 자체가 어린 친구들에게는 평생 간직할 추억이 되는 거죠."

지리멸렬 청소년 사역의 활로를 뚫어라

　한국교회의 다음세대 사역이 지리멸렬의 길을 걷고 있다는 건 누구나 아는 사실이다. 특히 중·고등부의 추락은 끝을 모를 정도다. 입시 전장에 내몰린 아이들은 신앙생활에 깊이 발을 담글 여유가 없다. 여유가 있다손 치더라도 아이들의 시선을 흐트러뜨리고 주의를 끌어 가는 요인들이 허다하다.

　다음세대 사역의 축소가 장차 어떤 결과를 불러올지 뻔히 알지만 교회 역시 뾰족한 대책이 없다. 입시에 목숨을 걸다시피 하기는 크리스천과 예수님을 모르는 이들 모두 마찬가지다. 대입 준비가 아닌 일에 한눈을 파는 걸 용납하지 않는다. 공부를 위해서라면 신앙생활도 자제의 대상이다. 일단 대학에 들어가고 나면 마음껏 교회도 나가고 신앙도 지키라는 식의 충고를 서슴없이 남발한다. 정말 그럴까? 열혈샘님은 아니라고, 전혀 그렇지 않다고 못 박아 말한다.

　"교회가 시간을 빼앗아 간다고 생각하는 학부모들이 많지만 그건 성령님이 역사하실 여지를 고려하지 않는 판단입니다. 은 혜를 받으면 지혜와 총명이 넘치고 모략의 신이 함께합니다. 자 제력이 약했던 아이들이 스스로 질서를 세우고, 정신이 맑아지 고, 능력이 살아나죠. 말씀 안에서 자기 정체성을 찾고 가치관과 삶의 목적이 분명해지기만 하면 공부는 알아서 하게 됩니다. 등 떠밀려서 공부하는 친구들하고는 비교가 안 됩니다. 결국 학부 모의 가치관과 세계관이 문제의 핵심입니다. 하나님이 누구보 다 아이의 면모를 잘 알고 계시며 자녀는 엄마아빠의 소유물이 아니라는 인식이 필요합니다. 그래야 한 사람 한 사람에게 심어 두신 하나님의 선물을 찾아내고 살려 가도록 도와줄 게 아니겠 습니까?"

열혈샌님은 통념을 기준으로 성공과 실패를 갈라선 안 된다 고 주장한다. 대학에 들어가는 게 곧 성공의 지름길인지 돌아보 라는 것이다. 올해 떨어지면 내년에 한 번 더 하면 되고, 꼭 들어 가야 하는 것도 아니라고 지적한다. 아이들을 부모가 생각하는 반듯한 틀 안에 옭아매려는 마음가짐도 버리길 주문한다. 성실이니 정직이니 하는 큰 테두리를 그려 주는 건 바람직하지만 시시콜콜 단속하고 규제하는 건 반발을 부를 따름이라는 것이다. 한창 호르몬에 휘둘리는 아이들과 일대일로 맞서 같이 펄펄 뛴다면 아빠엄마 역시 사춘기를 벗어나지 못한 까닭이라고 꼬집는다.

어디 하나 흠 잡을 데 없이 멋진 말씀이지만 구름 위를 동동 떠다니는 것 같아서 현실감이 들지 않는다. 우리의 처지는 군이 대학을 나오지 않아도 얼마든지 먹고살 수 있는 선진국의 형편과 다르다. 젊은이들이 '헬조선'이라고 부르는 대한민국은 대학을 나오고 유학을 다녀와도 정규직 자리 하나 꿰차기가 힘든 사회다. 그러니 대학으로 들어가는 첫 관문인 입시를 어떻게 객관적으로 바라볼 수 있겠는가? 한 문제만 틀려도 내신등급이 뚝뚝 떨어지는 판에 어떻게 여유를 말할 수 있겠는가? 아이들이 걷잡을 수 없이 비뚤어져 가는 상황에서 하나님의 선한 뜻을 떠올리고 신뢰한다는 게 말처럼 쉽겠는가? 하여, 열혈샌님의 열변을 깊은 한숨으로 무찔러 버린다.

"에효, 목사님처럼 모범생 자제를 둔 분이 뭘 아시겠어요?"

회심의 펀치인 줄 알았는데 샌님에겐 '물주먹'이었나 보다. 챔피언은 비아냥거림 따위는 아랑곳하지 않고 대뜸 큰아들 얘기를 꺼낸다.

"큰애는 사춘기를 요란하게 겪었어요. 사춘기 아이들이 할 법한 방황을 많이 했습니다. 웬만한 한인들은 다 아는 목회자의 아들인데 상당히 반항적이었고, 상당 기간 방황기를 겪었습니다."

기다리면 돌아오는 아이들

그러던 아이가 돌아왔다. 샌님의 표현에 따르자면 '천천히 조금씩'이 아니라 한 방에 정신을 차렸다. 어느 날 새벽기도에 가려는 아버지를 아이가 붙잡았다. 분위기가 심상치 않았다. 아이는 하나님 쪽에서 직접 인간에게 말을 걸기도 하시는지를 궁금해했다. '늘'은 아니지만 특별한 경우에 '더러' 그러기도 하신다는 설명이 끝나기가 무섭게 하나님과 대화를 나누었노라고 고백했다. 그만하면 충분하니 돌아서라고 하셨다는 것이다. 주님의 강력한 임재를 경험했음에 틀림없었다. 그때부터 아이가 달라지기 시작했다. 특별새벽기도회에 참석해서 설교를 듣고 은혜를 받았다. 삶의 태도가 변하고 공부에 열심을 냈다. 지금은 신학대학 3학년인데 현장 목회를 하고 싶어 한다. 하나님이 길을 잃은 영혼들에 대한 마음을 부어 주신다고 한다.

아이가 이처럼 전적으로 돌아오기까지 아빠엄마는 무얼 했을까? 열혈샘님은 무한정 기다렸을 뿐이라고 말한다. 이미 작살을 맞은 고래가 뛰어 봐야 벼룩이지 어딜 가겠느냐는 믿음이 있었다.

"고등학교 다닐 때, 아이의 방에 들어가 보면 컴퓨터 게임을 하기 일쑤였어요. 야단치지 않았습니다. 말리면 더 하고 싶은 게 사춘기 아이의 심리잖아요. '목 안 아프냐?'고 묻고 어깨와 등을 주물러 주었습니다. 배가 고프다면 라면을 끓여 주었습니다. 숙주를 깔고, 계란을 풀고, 파를 올린 라면을 예쁜 그릇에 담아 물과 함께 정중하게 가져다줬어요. 생일이 되면 최고의 찬사를 담은 카드를 주었습니다. 별일 아니었을지 모르지만 아이는 믿고 기다려 주는 아빠라는 인상을 받았던 것 같아요. 카드를 버리지 않고 책상에 딱 세워 놓았더라고요."

다른 한편으로는 대화의 끈을 놓지 않았다. 심하게 꾸짖으면 속은 후련할지 몰라도 소통이 단절된다. 일단 창구가 닫히면 아이는 엉뚱한 데서 삶의 정보를 얻고 정신적 영향을 받게 된다. 훨씬 더 위험한 상황에 몰리는 것이다. 무슨 일이 있어도 소통의 줄을 지켜야 필요한 이야기를 들려주고 영향을 끼칠 수 있다는 게 챔피언의 지론이다.

이게 누구에게나 적용되는 보편적인 원리가 될 수 있을까? 기다리기만 하면 정말 돌아올까? 험악하기 짝이 없는 이 세상에서 무조건 믿고 소통하는 정책을 쓰라고? 열혈샌님은 성공을 장담한다. "두말하면 잔소리!"라는 것이다.

"당연하죠. 그게 바로 예수님이 우리에게 하신 일이잖아요. 나쁜 짓 한다고 회초리를 들고 잔소리 세례를 퍼부은 게 아니라 스스로 인간으로 오셔서 십자가를 지셨잖아요. 물론, 기다림은 어려운 일이죠. 되풀이되는 실망과 기대를 견디는 게 어디 쉽겠어요? 그럼에도 불구하고 하나님이 그 길을 인도하신다는 사실을 믿어야 합니다. 육신의 부모는 잠시 맡아서 돌볼 뿐이고, 궁극적인 아버지는 하나님이시니까요. 막연한 자기 확신을 가지라는 게 아니라 기도하면서 주님이 자녀에게 주시는 말씀에 귀를 기울이라는 겁니다."

사역의 중심 이동을 다음세대로

다음세대 사역을 향한 챔피언의 시선과 의지는 변화를 불러왔다. 교회의 미래가 거기에 달렸다고 강조하는 차원을 넘어 실질적인 단계들을 밟아 나갔다. 책임자를 정해서 사역체계를 정리하게 하고, 관련 사역자들의 인사권을 포함해 전권을 주고 예산 지원도 보장했다. 담임목회자에게 직접 보고하고 재가를 받을 수 있도록 비서실에 자리를 마련해 주었다. 교회가 다음세대 사역을 얼마나 소중하게 여기는지 단적으로 보여 주는 상징적인 조처였다.

"변화의 핵심은 담임목회자입니다. 담임목회자가 강조하지 않으면 만사 더디게 돌아가게 마련입니다. 다음에는 전문사역자가 중요합니다. 다행히 좋은 사역자들이 많이 생겨났습니다. 다들 본인의 사역으로 알고 열심히 합니다. 이제 남은 일은 격려입니다. 교역자 회의를 해도 담당사역자에게 잔소리를 하지 않습니다. 전에 말씀드린 대로 교역자가 교역자답게 자기관리를 잘할 수 있도록 팁을 줄 따름입니다. 나는 이러저러하게 하는데 참 힘이 된다고 얘기하는 식입니다. 나머지는 알아서 하게 맡깁니다."

다음세대 사역에 역량이 집중되면서 중·고등부 예배에 참석하는 학생들의 숫자가 늘어난 건 물론이고 신앙의 깊이와 삶의 태도가 크게 달라졌다. 예배 시간에는 누가 시키지 않아도 휴대폰을 반납하고 자진해서 2G폰으로 바꾸자는 움직임도 생겨났다.

철야예배에 참석하는 친구들이 늘어나고 학교에 성경책을 가져가는 아이들도 많아졌다.

수련회를 비롯한 행사들의 내용도 손을 보았다. 아이들을 재미있게 해주는 데 초점을 맞추는 대신 말씀을 제대로 가르치고 예배를 예배답게 드리는 데 힘을 쏟았다. 다만 몇 명이라도 변화되면 거기서 역사가 일어난다는 믿음을 가지고 차근차근 기초를 쌓았다.

다음세대 사역자들은 지금까지 유지해 온 일반적인 방식으로는 승산이 없다는 데 의견을 같이했다. 새로운 접근 방법이 필요했다. 수비적인 마음가짐으로 방어에 집중하기보다 공격적으로 경계선을 넘어가는 전략을 세웠다.

교회를 찾는 학생들을 양육하는 차원에 그치지 않고 적극적으로 학교들을 공략해 갔다. 크리스천 학생들을 모으고 훈련시켜서 '청비'라는 동아리를 만들고 그 모임을 토대로 기도와 말씀, 전도 사역을 이어 갔다. 특정한 교회의 사역이 아니라 지역 교회 모두의 사역으로 자리 잡을 수 있도록 학교와 여러 교회를 연결하는 작업도 병행했다. 지금은 41개 학교에 동아리가 생겼다. 교회와 방송사, 청비 동아리를 연결하는 네트워크를 기반으로 '청소년토요비전위십'이라든지 '청비샤우팅' 같은 대형집회들을 열 만큼 속이 단단해졌다. 나중에는 전도축제를 열어 적극적으로 복음을 전하는 친구들도 등장했다.

두 여학생의 간증은 사도행전의 한 장면을 떠올리게 한다.

"갓 입학해서 얼떨떨해하는 후배들을 격려하는 모임이라고 설명해서 선생님의 허락을 받았어요. 각 반을 돌며 광고하고 참석하고 싶은 아이들을 조사했는데 150명이 오겠다고 했어요. 무얼 하는 모임이냐고 묻는 아이들에게는 '네가 살 수 있는 길'을 알려 주는 모임이니 꼭 오라고 말해 주었어요. 재정은 용돈을 털어 마련했어요. 원래는 옷을 사려고 했는데 왠지 그렇게 쓰면 안 될 것 같은 마음이 들어서 헌금하기로 했어요. 처음엔 그 돈이 전부였어요. 그런데 아무한테도 재정이 부족하단 얘길 안 했는데도 여기저기서 헌금이 들어오기 시작했어요. 어머니가 보태 주시기도 하고, 잘 모르는 고등부 오빠가 아르바이트해서 번 돈이라면서 건네주기도 하고, 친구들과 주일학교 선생님도 주셨어요. 덕분에 전도축제에 참석한 친구들에게 피자를 넉넉히 대접할 수 있었어요."

　그날 두 여학생과 청비 모임이 만든 전도축제에 140명이 넘는 친구들이 참석했다. 그리고 학생들의 간증과 초청강사의 말씀을 듣고 적잖은 아이들이 복음을 듣고 주님을 믿었다.
　열혈샘님은 다음세대로 사역의 중심을 옮기는 걸 주저할 이유가 없다고 강조한다. 너나없이 붙들고 끙끙거리며 씨름하는 게 자식 문제이니, 교회가 그 이슈에 종합적으로 접근할 수만 있다면 부흥의 물꼬가 터지는 건 시간문제란 뜻이다.

　"옛날에 자식 공부를 위해서는 논밭과 소를 팔았습니다. 그렇다면 교회는 다음세대를 살리기 위해 건물이라도 팔 수 있어야 합니다. 재정 규모나 출석 인원과 상관없이 교회의 일차적인 관심 대상은 다음세대가 되어야 합니다. 결과는 반드시 긍정적으로 나타나리라 믿지만, 설령 부정적일지라도 당연히 그 길을 가야 합니다. 교회의 사명이 거기에 있기 때문입니다. 아이가 없으면 교회는 문을 닫아야 합니다. 어린이를 환영하고 젊은이를 환대하는 문화를 만들어야 세대와 세대가 단절되는 걸 막을 수 있습니다. 교회가 그 아이들을 정말 귀중한 존재로 여기는 걸 체감하게 해 주어야 합니다. 이해타산으로 접근할 일이 아닙니다."

아이들을 재미있게 해 주는 데
초점을 맞추는 대신
말씀을 제대로 가르치고
예배를 예배답게 드리는 데 힘을 쏟으라.
다만 몇 명이라도 변화되면
거기서 역사가 일어난다는 믿음으로
기초를 쌓으라.

함께 성숙하기 위하여

경기는 끝났다. 짐작들 했겠지만 시합이라기보다 일종의 지도대국에 가까웠다. 바둑에서 고수가 하수에게 몇 점씩 접고 상대하면서 이모저모를 가르쳐 주는 시합 말이다.

열혈샌님과의 만남

그동안 실명을 쓰지 않고 별칭으로 불러 왔던 건 선입견 없이 메시지에 집중하는 데 조금이라도 도움이 되길 바라서였다. 이름에는 묘한 힘이 있어서 듣는 순간 그림이 그려지고 인상과

상상이 덧붙여지게 마련이다. 행여 대형교회와 그 목회자들을 보며 가졌던 부정적인 그림자가 드리우기라도 하면 금쪽같은 메시지를 있는 그대로 받아들이는 데 지장이 될까 걱정스러웠다. 주인공, 그러니까 열혈샌님의 말만 쌍따옴표를 붙여 그대로 옮기려 노력했던 까닭도 거기에 있다. 핵심을 정확하게 짚어 주는 말만 도드라져 보이게 하려는 욕심의 산물이다.

그동안 열혈샌님 또는 챔피언이라고 불렀던 이규현 목사를 인터뷰하면서 건강한 교회가 나아가야 할 길을 모색해 보고자 했다. 벽수가 상상한 이규현 목사와 실제 만난 그는 차이가 있었다.

첫인상은 영락없는 선비다. 낯빛은 부드럽고 웃음은 환하다. 말투는 차분하고 매무새는 단정하다. 하지만 취재가 진행되고 인터뷰가 이어지면서 이중적인 면모들이 속속 드러나기 시작했다.

부드럽지만 무르지 않다. 기다릴 줄 알지만 무기력하거나 무신경하지 않다. 인도하지만 주도하지 않는다. 예민하고 섬세하지만 소심하고 섬약하지는 않다. 뼈가 으스러지도록 악착같이 붙잡는 것들이 있지만 가볍게 놔버리는 것들도 허다하다. 물처럼 섞이고 스미지만 불처럼 태운다. 목양의 기쁨을 말하고, 메시지를 준비하고 전하는 영광을 말하고, 개척의 가치를 말하고, 교회의 미래를 짊어진 다음세대를 이야기할 때마다 용광로의 쇳물처럼 뜨겁게 끓어오르는 속내가 드러난다.

　글쓴이 나벽수 역시 실존인물이지만 실명은 아니다. 정확한 이름을 밝히라고? 음, 그건 '집필실명제법'이 통과될 때까지 미루려고 한다. 말이 좋아 글쓴이지 '정리한 이'라고 적는 게 정확하다. 글의 흐름을 주도할 만한 역할을 한 게 아니라 주인공이 흘려 내보내는 이야기를 옮겼을 따름이기 때문이다. 같은 이유에서 다른 취재원들의 이름도 적지 않았다. 핵심 메시지를 전하는 주인공에만 스포트라이트를 맞추려는 마음을 너그럽게 이해해 주길 바랄 뿐이다.

취재의 즐거움 또는 한계

취재는 즐거웠다. 인터뷰는 특강 또는 부흥회였다. 목회자 또는 지도자가 어떤 마음을 가지고 식구들을 대해야 하는지에 관해 이론을 듣고 현장을 견학할 수 있었던 게 가장 큰 소득이었다.

하지만 취재는 까다로웠다. 취재원이 헤푸러져야 일하기가 쉬운데 좀처럼 풀어 놓지 않는 보따리들이 있다. 교회의 갈등을 풀어 가는 목회자의 마음가짐을 물었을 때만 해도 그렇다. 원리와 구체적인 방법을 설명하는 데는 막힘이 없다.

"근원적인 문제는 시간을 두고 풀어야 해요. 공동체가 그 문제를 계속 바라보고 있는 동안에 그 문제에 빨려 들어가는 경우가 많죠. 관심을 하나님으로 돌려야 합니다. 하나님이 그 공동체에 제시하는 답이 있을 겁니다. 목회자의 역할은 시선을 바꿔 주는 데 있죠. 은혜가 팍 박히면 고집이 꺾입니다. 고집 피우는 동안은 자기가 하나님이에요. 결정을 내가 하고 매사가 내 생각과 방식대로 돌아가야 한다면 내가 하나님인 거죠. 은혜의 원리가 작동되면 대쪽 같은 고집쟁이도 부드러워집니다. 복음의 능력을 믿어야 합니다. 천하에 안 바뀔 것 같은 어른도 바뀌게 되어 있습니다. 안 바뀔 거다, 이렇게 확신하면 목회 못 합니다. 목회자 쪽에서 보자면 억울한 일도 당하고, 애매한 고난도 당하고, 오해도 받고… 그게 목회입니다."

그렇지 않아도 목회자가 당하는 '애매한 고난'을 캐려던 참이라 마지막 한 마디를 물고 늘어진다. "목사님도 그런 일들을 겪어 본 적이 있으세요?" 취재가 꼬이는 건 바로 이 대목이다. 손가락 끝이 자신이 아니라 남의 허물을 거론하는 지점에 이르면 어김없이 구체적인 설명 대신 원칙론으로 돌아간다.

"있겠죠, 뭐. 아니, 교인들이 모두 동의를 하겠느냐고요. 모두가 박수를 치겠느냐고요. 당연한 거지. 그것은 기본 설정입니다.

고난도, 오해도 받아야 합니다. 지도자는 앞서가는 사람이라 오해를 받을 수밖에 없습니다. 어느 때는 자기도 어디로 가는지, 어디로 가야 할지 모르는 판에 당연한 노릇이죠. 그러니까 불확실성 가운데서 용기를 가지고 한 발을 내딛는 게 지도자입니다. 믿음 안에서 그런 용기를 가지고 길을 찾아 나가는 두려움 없는 모습을 보여야 교인들이 따라옵니다. 실수할 때가 있으면 실수했다고 인정하고, 지난번에는 실수했지만 이번에는 잘할 수 있을 것 같다고 고백해야죠."

이쯤 되면 방법이 없다. 기자로서는 감동적인 에피소드나 가슴 저미는 사연으로 독자들을 사로잡겠다는 저급한 의도를 빨리 털어 버리는 게 현명하다.

출항을 시작한 거함, 오로지 목표를 향하여

도전자에게는 일종의 부흥회와 같은 경험이었다. 목회자들을 바라보는 부정적인 시선이 누그러지고 회의도 적잖이 가셨다. 어떻게 지도자와의 관계를 설정하고 반응할지 고민하는 기회가 되었다. 한국교회를 오늘에 이르게 한 공동정범으로서 오로지 목회자들에게만 '선한 것'을 내놓으라고 조를 게 아니라 이편을 돌아보고 다음 동작을 연구해야겠다는 깨달음도 얻었다.

챔피언은 목회자의 정체성, 목양의 본질과 원리, 위기를 대하는 자세, 지도자가 붙잡아야 할 가치, 회복해야 할 자산, 메시지를 들고 회중을 마주하는 과정, 미래를 준비하는 전략 따위를 캐는 내내 거침없이 생각을 쏟아 냈다. 대형교회라는 거함의 선장으로서 항해의 원칙, 그리고 항해사나 항법사처럼 지도적인 선원들의 마음가짐과 책임을 설명한 셈이다.

이제 챔피언은 항해지도를 완성하고 다음 단계로 진입했다. 책임진 선박의 규모와 출력, 한계를 감안해 얼마나 멀리, 얼마나 정확히, 얼마나 안전하게 이끌어 가느냐가 관건이다. 챔피언은 단순한 항해 차원을 넘어 건강한 항해의 모범을 보이고 싶어 한다.

"우리 교회는 메가처치로 클 만큼 컸습니다. 앞으로는 건강성에 더 초점을 맞출 겁니다. 우리 교회에 주어진 훌륭한 자원을 이웃과 이웃 교회, 한국교회와 어떻게 나누면서 갈 수 있을지 고민하고 있습니다. 세대교체가 된 교회가 무너지고 있는 현실을 고려하면 담임을 맡은 교회를 무리 없이 이끄는 게 일차적인 목표가 될 겁니다. 건강하게 잘 서는 것만으로도 한국교회에 영향을 줄 수 있다고 봅니다. 이차적으로는 주어진 것들을 나누는 섬김의 확대를 생각해야 합니다. 숫자의 크기로 교회의 사이즈를 말하기보다 그 자원을 가지고 어떻게 이웃과 한국교회와 세계교회와 나누고 섬길 것인가를 궁리해야 합니다. 스스로 성숙해져서 함께 성숙해 가는 모델을 세워야 합니다."

하지만 여태 듣고 본 것만 가지고 챔피언과 그 공동체의 미래를 단정적으로 말하긴 어렵다. 열혈샌님이 담임목회자로 부임한 지 이제 4년, 성과를 말하기엔 이른 시점이다. 지금까지는 방향을 설정하고 어디로 가려 하는지 두루 알리는 데 더 신경을 쓰는 기간이었다. 목회철학을 공개하고 숙지시키는 과정이었던 셈이다. 챔피언도 아직은 방향을 설정하고 공유하는 수준이라고 말한다.

"식구들에게 방향은 제시했습니다. 한국교회 개혁, 변화, 회복, 다음세대의 회복을 지향하겠다는 얘길 메시지에 담아서 크고 작은 자리에 설 때마다 전했습니다. 특별집회의 메시지에는 어김없이 그런 의지가 가미되어 있었다고 보면 됩니다. 현실에 안주하지 않고 변화를 추구해 나가고, 위기를 맞은 한국교회 속에서 우리가 감당해야 할 역할이 대단히 중요하다고 강조했습니다. 이제는 적어도 어디로 가려 하는지 정도는 공동체가 전반적으로 다 이해하고 있습니다. 아직 완전하다고 말하긴 어렵습니다. 큰 틀이 바뀌는 거니까요."

이제 막 출항한 거함이 어떤 궤적을 그리며 목적지를 향해 갈지 궁금하다. 장담하긴 어렵지만 선장이 정확한 원칙을 숙지하고 있는 한, 그리고 선원들과 승객들이 한 방향을 바라보며 힘을 모으는 한, 좌초하거나 엉뚱한 쪽으로 흘러가진 않을 것이다.

목사, 그 일상의 삶으로 풀어낸
교회 이야기

목회를 하면서 고민은 늘 지상의 교회였다. 교회란 무엇인가? 간단한 질문 같지만 결코 간단하지 않다는 것을 목회를 하면서 실감하게 된다.

교회가 무엇인가에 대한 고민은 곧 목회가 무엇인가와 맞물려 있다. 지난 시간 많은 고민과 갈등으로 목회를 해온 것 같다. 그런데 세월이 흐를수록 고민의 초점이 교회가 아니라 나를 향한 것으로 바뀌는 것을 느낀다. '과연 나는 목회를 제대로 하고 있는가?' 하고 스스로 질문할 때면 두려움이 들곤 한다.

여기 풀어낸 이야기들은 그 고민들 속에서 나온 것이다. 어떤 결론이 난 것은 아니지만 지금까지 치열하게 교회를 섬겨 온 이야기를 벽수 씨와 대화를 통해 늘어놓는 것만으로도 상당한 의미가 있었다.

약간 부정적인 접근으로 이 책을 시작한 이유는 교회 안에서 상처 입은 영혼이 의외로 많다고 가정했기 때문이다. 나를 인터뷰한 벽수 씨가 바로 그런 경험을 한 사람이었다. 여러 번 만나 대화하면서 그것을 느꼈다.

교회의 상처는 성도들의 상처를 만들어 냈다. 그리고 소위 교회를 출석하지 않는 가나안 성도를 만들어 내고 있다는 현실을 부인할 길이 없다.

이 책은 대담 형식으로 꾸며졌다. 서로 전혀 다른 생각을 가진 사람들이 만나 교회를 주제로 다양한 이야기를 나누는 중에 무엇인가를 찾아내고자 했다. 그렇다 보니 길을 찾아 나서는 순례자의 마음으로 문제들을 들여다보고 풀어 보고자 했다.

벽수 씨의 까다로운 질문들이 그리 거슬리지 않았던 것은, 그 질문이 곧 오늘날 교회 안에서 일어나는 일들이고, 나 역시 같은 질문을 하면서 목회를 하고 있기 때문이다. 나는 단지 오늘 우리가 당면한 문제를 직시하면서 평소 꺼내 놓지 못했던 이야기들을 허심탄회하게 말했다. 그의 질문에 가장 옳은 대답을 하려 하기보다 문제를 인정하고 나의 관점에서 바라본 해답을 다양한 시각으로 들여다보고자 했다. 따라서 이야기의 초점을 다른 교회나 목회자 혹은 성도가 아니라 나 자신을 향한 성찰에 두고자 했다.

필립 얀시의 책 제목처럼 《교회, 나의 고민 나의 사랑》이 바로 내 마음이다.

불완전한 사람이 불완전한 지상의 교회를 섬기는 일이 그리 쉬운 일은 아니었지만 그럼에도 목회는 행복이고 내게 크나큰 기쁨이었다. 세상에 다른 어떤 것과도 바꾸고 싶지 않을 정도로 귀중한 목회의 소명을 위해 지금까지 올 수 있었던 것은 말로 다할 수 없는 축복이었다. 목회에서 경험한 것들, 목회자보다 더 목회자 같은 성도들을 만난 것도 행복이었다. 언제나 나의 생각보다 더 넘치게 부어 주시는 주님의 은혜가 나의 목회의 중심이었다. 바닥을 치기 전에 흘러넘치는 은혜가 부어져 여기까지 이르게 된 것, 그것을 벽수 씨와 대화하며 꾸밈없이 나눌 수 있었기에 더 나은 교회, 더 성숙한 목회로 가는 지표를 새삼 다시 점검할 수 있었다.

이 책이 성도들에게 신앙생활에 대한 기본을 정리하는 기회가 되기를 소망한다. 목회자들이나 신학생들에게는 목회에 관련된 소소한 내용들이 교회를 세워 가는 데 조금이라도 도움이 되기를 바란다. 신학적이거나 변증적인 내용을 다루기보다 목양이나 신앙생활의 전반을 두루 다루며 흥미롭게 전개하고자 했다. 읽는 이들에게 교회의 희망, 조국 교회의 작고 가느다란 빛을 보는 시간이 되기를 갈망해 본다.

대담으로 함께한 벽수 씨와 또 편집을 위해 애써 주신 두란 노 팀, 그리고 동역자인 조우현 목사에게도 감사를 드리고 싶다. 또 이야기 속의 시드니 새순교회와 수영로교회 성도들은 늘 내 마음에 기쁨이고 늘 행복한 이야기를 만들어 낸 주역들임을 고백한다.

부산 해운대에서
수영로교회 이규현 목사

그리스도가 계시므로
교회는 여전히 희망이 있다.